人生百年　私の工夫

日野原重明
聖路加国際病院理事長・同名誉院長

幻冬舎

はじめに

織田信長も謡《うた》ったように、古来、日本人にとっては「人生五十年」でした。しかし、戦後豊かな社会の到来とともに、過去半世紀の間に日本人の平均寿命は、三十年以上も延長しました。今や「人生八十年」といわれ、いつしかわが国は、世界一の長寿国になっていたのです。

この傾向は、今後さらに続くと思われます。少しあたりを見まわしてみても、八十歳・九十歳ですこぶる元気というお年寄りは何人もおられます（ちなみに私は、七十五歳からを新老人、八十五歳からを真老人と呼んでいます）。私自身も、もうすぐ九十一歳の誕生日を迎えますが、現役の医師として、まだまだ働き続けるでしょう。

九十歳を超えたけれども、まだやったことよりもやらないことのほうがたくさんある、そんな気持ちで日々新たです。

日本で今、百歳以上の長寿の方は一万四千人おられます。もう遠からず、二倍三倍になるでしょう。アメリカでは五万人を超えました。二十一世紀はいよいよ「人生百年」の時代を迎えるのでしょう。しかし、喜んでばかりもいられません。「人生百年」時代にふさわしい、長い時間を充実して過ごす知恵「人生百年の計」が必要になってくるのではないでしょうか。

以前私は『六十歳の新人宣言』（ごま書房）という本を書きました。そのコンセプトは「六十歳は老人ではない。いやあなたの本当の人生が始まる再スタートの時だ」というものでした。今また「人生百年」のものさしから考えると、私が訴えたいことがますます現実味を帯びてきています。

六十年は、「人生百年」のハーフタイムにすぎません。このたび「人生百年」の視点から、旧著に大幅に手を加え、再編集して世に問うこととといたしました。その意味で、本書のキーワードは「60」と「１００」という二つの数字です。あなたの人生の大きな目安となる数字です。

たしかに、満六十歳で還暦を迎えた老人を床の間に据える習慣は、日本でははるか昔からありました。それがそのまま続き、六十歳というとまだまだ働ける男女にも定年の判が押され、現役時代の幕が閉じられるというのが今の世のならいです。

さて、この本の読者の中で、「過ぎ去った現役時代は幸せに生きられた」と回顧できる方はどのくらいおられるでしょうか。

みなさんの多くは、前半の人生を夢中に暮らしてこられた方々だろうと思います。それがやっと現役の重荷を解かれたので、これから先六十歳からの生活は少しゆったりと暮らしたいな、と思われる方は少なからずおられるでしょう。

しかしけっして六十歳で現役の人生が終わるのではなく、この年齢を超えた後半の人生こそは、あなた方が自由にデザインできる希望のある人生であることに気づいていただきたいのです。

私は、みなさんの体の中には、機会がなかったためにせっかくのよい遺伝子も陽の目を見ずにそのまま潜在しているのではないかと思います。

そこで私は六十歳こそは人生のゲームのハーフタイムであることにみんなが気づき、この機会に、第二の人生が幸せに生きられるように、後半の人生に想いをかけてほしいと思います。

自己を開発する後半のあなたの人生の主体は、あなた自身です。あなたが勇気と希望を持って生きられる第二の人生の旅路は、成熟への上り坂であることを期待してほしいのです。

人生再出発の時・六十歳をもう超えられた方、遠からずこの年がくることを意識されている中年の年代の方々に、私は本書をぜひ参考にしていただきたいと思い、一生懸命書きました。

あなたの人生をあなたがデザインできるということは、何と素晴らしいことではありませんか。その想いこそは、あなたを幸せに若返らせるものと信じます。

思えば私は五十九歳のとき、日本で初めてのハイジャック「よど号」の機内に四日間拘禁されました。その四日めの解放の日を区切りに、私には本当の第二の人生が与えられたことをこよなく感謝しました。そして、私が私をプロデュースすることができる第二の人生を、勇気を持ってデザインしようと決心したのでした。

私の場合、内なる自分を開発する喜びの中に、その後半も過ぎ去り、今や、みなさんからいえば満九十歳という第三の人生に突入した感がします。

みなさんが幸せに生きられるヒント、私が六十歳を過ぎてからの三十年の間工夫してきたあれこれを、みなさんにお渡しできればと希《ねが》い、この書の中に私の新しいメッセージを贈ります。

日野原　重明

平成十四年六月

人生百年　私の工夫　目次

はじめに

第一章　長く、豊かな「人生の午後の時間」が始まる

第二章　年とともに、自分の人生を自由にデザインできる人

第三章 生きるということはアートである

第四章 ライフワークを持つことが若さの秘訣

第六章　人生後半の健康づくりは、「怠けず」「慌てず」「油断せず」

装幀　亀海昌次
帯写真　大沢秀行

第一章　長く、豊かな「人生の午後の時間」が始まる

つねに、上り坂をのぼっている気持ちで

人間の一生を想い、生命の輝き、そして老いについて考えるとき、私はいつも「白髪になっても、なお実を結び命に溢《あふ》れ、いきいきとし、述べ伝えるでしょう」という旧約聖書の「詩篇九二」の一節を思い浮かべるのです。

私は患者さんとの出会いによって、多くのことを教えられてきました。生きている教材が日々新たにあらわれ、それが知識や技術の成長につながるばかりか、その「実を結び命に溢れ」る姿は、私の人間的な成長にも大きな感化を与えているのです。それも、患者さんやそのご家族のごく日常的な努力に教えられることが多いのです。

たとえば、脳梗塞《こうそく》で右半身が麻痺《まひ》したある患者さんの奥さんがそうです。症状が安定すれば、あとはリハビリテーションが大きな課題になります。私は、いちばんだいじなのは、奥さんがいかにご主人を勇気づけるかにある、と強調したのを覚えています。

その奥さんは、すでに六十を過ぎていました。いわゆる内助の功に徹した女性で、近所で必要な買い物をするときと、ご主人の通院に付き添うとき以外は、ほとんど外出をしません。経済的にも、なに不自由なく育った方らしいこともわかりました。内気すぎる様子で、私は、いささか頼りない気もしていました。

ところが、ある日、ご主人に付き添って来院した彼女に、自動車の運転免許を取ったと言われて、私はびっくりしました。その日、はじめてご自分で運転するクルマにご主人を乗せてきたと言われます。

私は、この奥さんが自動車教習所に通って、運転を習う姿を想像できませんでしたが、そう言われて、納得したことが一つありました。それまでは、和服姿しか見たことがなかったのに、この日は洋装でスラックスをはいておられたのです。

一念発起した理由を訊《き》いたところ、こんなふうに答えられました。

「できるだけ主人に外の空気を吸ってもらいたいと思って、いろいろ考えたのですが、いちばん手っとり早いのは、私がクルマの運転を覚えることだと考えたのです。免許さえ取れば、主人が乗っていたクルマがそのままありますから、すぐにでも乗れるわけです。

もう一つは、このまま二人で老《ふ》け込んでしまうのが、恐ろしいような気がしたのです。運転に慣れてくれれば、二人で旅行もできます……。

主人に相談しましたら、おまえの運転するクルマでいっしょに死ぬなら、あきらめよう、と物騒なことを言いましたが、賛成してくれましたので、思いきって教習所に通いはじめたのです。もちろんふつうの人よりは免許を取るのに時間がかかりましたが、なんとか試験も通りました」

その後、定期的に受診に来るたびに、ご主人の表情に明るさが増すようになりました。老年の病気は、医者の治療より、患者本人の心の持ちようがたいせつであることを、あらためて教えられました。

このご夫婦は当初の計画どおり、年に二、三回は一泊か二泊のドライブ旅行を楽しんでおられるそうです。奥さんは「新しい世界が開けたようです」と言われていました。

人間の体力や頭脳は、使わないと、どんどん退化します。とくに老人の場合には、〝使わない症候群〟とでもいうべき一種の病気にもなりかねません。

とはいっても、六十歳を超えてからだと、新しいことに挑戦しても、最初はなかなかうまくいかないかもしれません。「若いときはこんなではなかったのに」「この歳《とし》ではもう無理なのか」とがっかりすることもあるでしょう。

しかし、要は気の持ちようです。歳をとったと思って、やりたいことも最初からあきらめてしまう前に、まだ自分は上り坂をのぼっていると考えることがだいじなのです。疲れたり、うまくいかないのは、体や頭脳が衰えたからではなく、上り坂をのぼっているからだ、ぐらいに考えたほうがいいでしょう。

気持ちが老け込んでさえいなければ、ちょっとしたきっかけさえあれば、新しい道も開けてくるものです。二十代、三十代のころにくらべれば、最初はうまくいかないかもしれませんが、根気よく続けているうちに、自分でも意外な〝才能〟が見つかるかもしれません。ちょうど、〝使わない症候群〟と逆のことも起きてくるわけです。

だいぶ以前のことになりますが、私が川崎市でボランティアに関する講演をしたところ、講演を聴いた女性からお手紙をいただきました。

その女性は病院に勤めていましたが、六十歳で退職し、以後は、病気がちのご主人の世話とボランティア活動に専心するつもりだったそうです。ところが、事情があって孫の面倒をみることになり、ボランティアの夢も半ばあきらめていたそうです。

孫の幼稚園の送り迎えが、毎日のことなので、どうしても時間に縛《しば》られます。一泊旅行にも出られません。まったく下り坂の人生を歩いているような気がしていたそうです。

しかし、その女性が、私の講演を聴いて考えが変わったと言われました。私としては、つねに上り坂をのぼっている気持ちを持つべきだ、と持論を語ったにすぎないのですが、お手紙には、こう書かれてありました。

「お話を聞いているうちに、いま私は山に登りつつあるのだと思うようになりました。主人、息子、孫、食事、洗濯、世の中のつき合いなどをしながら、ボランティアもできます。趣味の会にも毎回は出られませんが、続けられます。いままで自分の生活を不満に思っていたのが、恥ずかしくなりました」

自分で自分を育てていく季節

チャールズ・リンドバーグといえば、第二次大戦前に大西洋を無着陸で横断したパイロットとして、世界的な著名人です。「翼よ、あれがパリの灯だ」という名セリフは、映画のタイトルにもなりました。その奥さんであり、作家でもあるアン・リンドバーグ夫人の著作『海からの贈物』（吉田健一訳）に、中年についての素晴らしい一節があります。

「中年というのは、野心の貝殻や、各種の物質的な蓄積の貝殻や、自我の貝殻など、いろいろな貝殻を捨てる時期であるとも考えられる。この段階に達して、我々は浜辺での生活と同様に、我々の誇りや、見当違いの野心や、仮面や、甲冑《かっちゅう》を捨てることができるのではないだろうか。我々が甲冑を着けていたのは、競争相手が多い世の中で我々を守るためだったはずであり、競争するのを止めれば、甲冑も必要ではなくなる。それで我々は少なくとも中年になれば、本当に自分であることが許されるかも知れない。そしてそれはなんと大きな大きな自由を我々に約束することだろう」

リンドバーグ夫人は、この本を五十歳のときに書きました。

五十歳といえば、いわば中年が始まろうとする年齢です。サラリーマンなら、すでに定年が近づいています。役員の地位にある人をべつにすれば、サラリーマン人生の到達点が見えているといえるでしょう。もう甲冑を着けて戦う必要もないのです。

いっぽう、家庭に目を転じると、長男や長女は早くも家庭から巣立っていきます。親として荷が下りたようで、ほっとした気持ちと同時に、一抹《いちまつ》の寂しさを感じないではいられないはずです。

そんな状態で、いかに生きるべきかをしっかりつかんでいないと、下り坂の生活を送ることになりかねません。

　リンドバーグ夫人は、じつにさりげなくこう書いています。

「人生の黎明《れいめい》や、四十、或いは五十前の壮年期に属する原始的で肉体的な、仕事本位の生き方はもう中年にはない。しかし人生の午後が始まるのはそれからで、我々はそれを今までのもの凄《すご》い速度ではなしに、それまでは考えてみる暇もなかった知的な、また、精神的な活動に時間を割いて過すことができる」

　黎明と対比させるものが黄昏《たそがれ》であるならば、たしかに、人生の〝午後〟には下り坂のイメージがつきまといますが、けっしてそうではありません。人生の午後の時間は長いのです。

　肉体的な仕事本位の生き方をする午前の時間は、意外に短いものです。短いゆえに、私たちは脇目《わきめ》もふらずに過ごそうとします。そこから生じる不安、悩み、あせりを背負ったまま、しゃにむに前へ進む。

　それらのすべては、青年期から壮年期を通過する成長の証明であると考えることができるのです。短い時間にイバラの道を突き進んでこそ、生きることの意味があると考えられるのです。

もちろん、午後の時間に、不安、悩み、あせりがなくなるわけではありません。とくに、いままでどおりの生き方をしていて、意のままに結果が出せないと、黄昏が近づくにつれて、つい衰えを感じてしまうものです。

しかし、午後の時間は、もはや甲冑を脱いだ時間だということを忘れてはなりません。競争相手から身を守る必要がないのだから、もっとゆっくりと自分を見つめるべきなのです。つまり、新しい生き方が始まったことを、私たちは知らなければならないのです。

リンドバーグ夫人は、続けてこう書いています。

「それまでの活動的な生活に伴う苦労や、世俗的な野心や、物質上の邪魔の多くから解放されて、自分の今までの無視し続けた面を充実させる時が来たのである。それは自分の精神の、そしてまた心の、それからまた才能の成長ということにもなって、こうして我々は日の出貝の狭い世界から抜け出すことができる」

〝日の出貝の狭い世界〟から抜け出すというのは、まさしく第二の人生のことです。私もつねづね、五十代が人生最大の節目となり、六十歳が二度目の成人式にあたると考えてきました。

〝広い世界〟を生きるのに、時間はたっぷりあります。

仕事本位の生き方をする午前の時間は、いってみれば、たかだか数時間にしかすぎません。それに対して、午後は寝るまでに十時間以上あります。

つまり、起きている時間の五分の三が午後の人生のためにある、といってもけっして過言ではありません。

私たちの人生を振り返ってみると、子どものころは、親が育ててくれました。学校に通うようになれば、教師が育ててくれます。仕事や家庭をもつようになれば、今度は社会が育ててくれます。つねに、周囲から、私たちは育てられてきたのです。

しかし、六十歳からは誰も育ててくれません。「育てられる」とは、反面、その範囲の中で生きることを求められますが、六十歳になると、そうした自分を制約する「ワク」もなくなるわけです。

いってみれば、自由に、自分で自分を育てることができるのです。今まで、やりたくてもできなかったことをするのも自由です。

いよいよこれからは、自分で自分を育てなければならない季節がやってきたのです。言いかえれば、〝ほんとうの大人〟としての人生の始まりです。幸いにして、時間はまだまだたっぷりあります。

それでは〝中年〟である六十歳からの人生をどう考え、どう生きていけばよいのか。私なりのささやかな方法を、ご紹介していきましょう。

六十歳は老年期ではない。老年への準備が始まる「中年期」にあたる

よく、人間が生まれてから死ぬまでの成長の段階を、幼年期、少年期、青年期、壮年期、中年期、老年期の六つに分けて考えます。中年期の次に向老期を入れて、七つに分けることもあります。

六十歳という年齢をあてはめるとき、老年期と考える人が多いようですが、はたしてそうなのでしょうか。

たしかに昔は、六十歳といえば、もう十分老年期といっていい年齢だったかもしれません。還暦のお祝いに、赤いチャンチャンコを贈る風習がその一つです。

この赤いチャンチャンコは、還暦が「第二の幼年時代」を迎えたことを意味しま

す。老人は子どもに返って、お小水をもらす。よちよち歩きで転びやすい。子どもが寝たがるように、老人もすぐ寝たがる。

それでも、そこまで長生きしたのだから、おめでたいという意味をこめて、赤いチャンチャンコを贈るのです。お祝いの中にも、寂しい老後の人生が暗示されています。

しかし、六十歳と赤いチャンチャンコが結びついたのは、すでに過去の話といえるでしょう。

いまや日本では、還暦を迎えても、やせ細っている人は見あたりません。血色はいいし、歩き方も堂々としています。スポーツを楽しみ、海外旅行にも出かけます。耄碌《もうろく》しているという面影は、探すべくもありません。

人生のステージにおける最後の部分が、まったく変わってしまったのです。寂しい老後どころか、気力も体力も十分で、昔の「老人」という言葉はあてはまりません。

昭和三十三年に日本老年医学会ができたころは、五十五歳から向老期、六十歳から老人と考えられていました。しかし、日本人の平均寿命が延《の》びるにつれて、六十歳を過ぎても若々しく社会で活躍する人がふえ、五十五歳からをとても向老期とはいえないようになってきました。

そこで、昭和四十年代の終わりには、老年医学会も老年期の始まりを六十五歳に改めたのです。そしてこの動きはさらに進展しています。

いまや、老年医学会はもちろん、社会学者の中のかなりの人が、老年の設定は六十五歳では早すぎるから七十五歳からにすべきだと考えているのです。

それに伴って、「老年」「お年寄り」という言葉にも疑問が呈されるようになりました。厚生労働省は「老年」に代えて「実年」、とくに八十五歳以上の人には「熟年」という呼び方を提唱しました。これも、六十歳以上の人たちのイメージが昔とは格段に変わったことのあらわれといっていいでしょう。

いまの日本では、六十歳を中年と考えてもおかしくはないのです。私自身の考えでは、中年を下り坂とは考えずに、たんに壮年期から成年後期のプロセスと考えるほうがいいのではないかと思います。

壮年期の終わりが近づいたが、まだまだ老年には遠い。そこから、老年への準備が始まる――私は中年をそう定義します。

人生の「折り返し地点」を考える

六十歳という年齢を、人生の一つの区切りと考える人は少なくないようです。実際に終戦直後の調査でも、男性の平均寿命は四十九歳何カ月という数字が出ています。それから見れば六十歳というのは、すでに本来あるべき人生が終わった〝余生〟という言葉が合っていたかもしれません。

ところが、医療の発達や食生活の向上により、終戦から六十年近くが経《た》った今日では、男性は七七・七二歳に、女性にいたっては八四・六〇歳まで平均寿命が延びています（二〇〇二年二月現在）。

こうなると、六十歳という年齢が持つ意味あいは、これまでとは大きくちがってきます。人生はまだまだ続くのです。

そのうえ、たとえば男性の場合、平均寿命を七十七歳と考えて、六十歳の男性に残された年月はあと十七年かというと、そんなことはありません。平均寿命というのは、零歳で亡くなった赤ん坊までをふくめて算出されます。六十歳になった人は、二十歳とか四十歳とかで亡くなった人たちを除いた、元気で丈夫な人たちということができます。

いっぽう、ある年齢の人があと何年生きられるかを、「平均余命」であらわします。今六十歳の人の平均余命を考えた場合、ここまで元気に生きてきたのだから、平均余命は当然のことながら、平均寿命から六〇を引いた数字より大きくなります。

六十歳の男性なら、六〇プラス二一・三四年、六十歳の女性ならプラス二六・八六年が残された寿命といえましょう（平成十二年度簡易生命表より）。

今六十歳の男性の平均余命を二十一年とすれば、人生八十一年ということになります。その場合、「人生の折り返し地点」は、八十年の半分の四十歳かといえば、

私はそうは思いません。

サラリーマンが四十歳で、人生が半分終わったからといって、それから新しい人生を歩もうという人は少ないでしょう。それまでのぼってきた坂道が、たいていの場合、定年まで続きます。

最近は転職やリストラなどで、一つの会社に定年まで在籍せず、途中で会社や仕事を変わるケースもふえています。しかし、その場合でも、それまでと同じように坂道をのぼっていくということには変わりないでしょう。

しかし、いよいよ六十歳で定年を迎えれば、舞台はがらりと変わります。

少なくとも、会社に勤めていたころにくらべて、一日八時間は自分の時間が持てます。その時間を使って、自分の好きなように、人生をデザインすることができるのです。

会社人間として、あくせく働いた四十歳からの二十年間と同じ長さの年月を、これからは自分の意のままにおくることができるのです。

ですから私は、六十歳を、人生の〝下り坂〟が始まる時期ではなく、「人生の折り返し地点」だと考えているのです。

おそらく多くの人にとって、自分の自由になる時間が一日に八時間もあるということ自体が、青年期以来、はじめてのことではないでしょうか。六十歳にして、この新しい舞台に立つ。〝新人〟としての第一歩が始まるのです。

この〝新人〟としての新たな出発が六十歳から、というのはけっして遅くはありません。六十どころか、もっと高齢で、新人として人生を折り返した人もたくさんいます。

徳島県に住む小原英雄さんという方が、九十六歳のときに雑誌で紹介された記事を読んで、私は感嘆した覚えがあります。

小原さんは刺しゅう用の七色のレース糸で、約一センチ大の精巧なミニ草履《ぞうり》をつくります。七十五歳のときから始めて、すでに一万足以上もつくったそうです。最初は近所の老人や子どもに配っていたのですが、その後、テレビなどで紹介されて、全国から注文が来るようになりました。

ほかにも、粘土細工でミニチュアの動物、花、果物をつくり、さらには墨絵、水彩画を描き、ちぎり絵、貼り絵にも手を染めたそうです。

徳島市内の老人ホームや保育所などを回り、実演のあとにはミニ草履を進呈します。しかも、小原さんのいちばん好きなのは釣りで、天気さえよければ、毎日でも海に出るそうです。

まさに、おどろくべき趣味人といえますが、その小原さんも、生まれついての趣味人ではなかったようです。

戦前は丸善の営業マンで、戦後、故郷の徳島にUターンして銀行に勤め、昭和三十年に五十五歳で定年を迎えてからは、広告代理店を経営したそうです。七十五歳のとき、かねて念願のヨーロッパへ旅行をし、六十日間、各地の美術館、博物館を巡り歩かれました。この旅行で趣味に開眼して、ミニ草履をつくりはじめたのです。

その後も、オートバイを駆って、営業に走り回ったそうですが、ようやく八十二歳でリタイアして、趣味に本腰を入れるようになったといいます。

誰もが小原さんと同じ生き方ができるとはいえませんが、六十歳が下り坂でないことだけはたしかです。新しい世界を広げ、新しい楽しみを見いだすことはいくらでもできるのです。

新人のいいところは、慣れきった人には当たり前のことでも、新鮮な発見と感動を得られることです。

あなたも六十歳で〝新人宣言〟をして、人生を折り返せば、いかようにも第二の人生を楽しむことができるのです。

第二章

年とともに、自分の人生を自由にデザインできる人

老いは、生き方の選択が自由になるチャンス

人生とは何かと問われて、「偶然が支配するあみだクジ」と答えた禅の高僧がいます。

オギャーと生まれてから棺をおおうまで、すべてが「選択」の歴史であり、その選択は、自分の意志ではなく偶然が支配する、といった意味です。

実際、誰でもその半生を振り返ってみれば、

「もしあの先生と出会わなかったら、もしあのとき電車に乗り損なうことがなかったら、もしあの人と結婚していたら……」

と、無数の〝もしも〟という偶然によって、人生があみだクジのごとく右に左に

翻弄《ほんろう》されていることに思いあたるはずです。

その中で、たった一つの〝もしも〟の選択がちがっていれば、まったく別の人生を歩いているかもしれません。

この説明のつかない人生の不思議を、キリスト教や仏教では、摂理とか縁と呼びます。縁すなわち人生は、個人の意志ではなく、大宇宙の真理によって生かされているというわけです。

こうした高邁《こうまい》な哲学を持ち出すまでもなく、そもそも私たちがこの世に生まれたこと自体が、自分の意志というよりもハプニングです。ハプニングで生まれ、縁という偶然で生かされ、翻弄され、人生の甲羅《こうら》を経るにしたがって、しがらみにがんじがらめにされていく。それが人生です。

仏教では、こうした世俗のしがらみからいっさい解き放たれて自由になることを、解脱《げだつ》とか悟りといいますが、じつは「六十歳」を迎えることこそ、人生の悟りにほかならないのです。

仕事とか子育てとか、自分の意志以外に強制される人生は六十歳で終わります。

しがらみから解き放たれるのです。いわば、人生に対する〝ノルマ〟は果たしたということでもあります。

これからは自分の意志で、自分の価値観によって、すべてが好き勝手に選択できる、生まれてはじめてのチャンスが与えられるのです。

これは、「余生」などというものではありません。人生の余りや、付録などではなく、ここからが新たな第二の人生です。なにものにも束縛されない、ワクワクするような人生の始まりなのです。

六十歳を還暦といいます。六十年を経て、ふたたび生まれた干支《えと》に還《かえ》ることから、人生の振り出しに還るというわけですが、前章でも述べたように、六十歳は一つの折り返し地点にすぎません。頭脳や肉体が幼年期に戻り、これまでの人生がゼロになるというものではありません。

ただし、今度の人生は、ある程度、勝手を知った道です。これまでの人生と大きくちがうのは、しがらみというムチに叩かれ、六十年にわたって無理やり走らされてきたかもしれませんが、そういうことはなくなります。今度はゆっくりと周囲の景色を楽しみながら、マイペースで行くことができるのです。

人生八十年から「人生百年」の時代に移ろうとしています。八十歳まで、あと二十年もあります。百歳までなら四十年です。二十年がどれほど長いかといえば、六十歳からみて、四十歳のときから今日までの生きてきた時間に相当します。その間、いったいどれだけの人に会い、仕事をこなし、出来事に出会ってきたかを思い出してみてください。

六十歳を超えてからの、この二十年なり三十年という歳月がいかに長いかがおわかりいただけると思います。

また、八十歳を迎えたとき、二十年前の六十歳を振り返れば、なんと若かったことかと、感嘆するはずです。

六十歳をゴールと見立て、残りの人生を青息吐息で走り切るという考えは、大きな間違いです。ふた昔前の人生観です。六十歳は新たなるスタートです。生き方の選択ができるはじめてのチャンスです。

六十歳を過ぎてから一つずつ歳をとっていくということは、たとえていえば、F1のレーシングマシンがスタートに向けてエンジンの回転数を上げていくのと同じ、あのテンションでなければならないのです。

老いを充実して生きるには、「子離れ」がだいじ

子どもが可愛くない親はいません。子育てだ、躾《しつけ》だ、進学だと、子ども中心の生活になるのもある程度はやむをえないでしょう。

ただし子どもは、大人になれば巣立っていくのだということだけは忘れないことです。こんな当たり前のことを忘れている人が多いようです。手塩にかけた子どもが結婚して家を去ったあと、残された親は心にぽっかりと穴があいて、急に老け込んだという話はよく見聞きするところです。

しかも五十歳も過ぎれば、仕事上の義務や責任もしだいに減ってきて、会社での存在が希薄になってくる時期でもあります。

公私とも生きがいを失って、いったい自分の人生はなんだったのだろうか、と気持ちが孤独に落ち込むのが、この年代の特徴といっていいでしょう。

こうした気持ちの落ち込みをエンプティーネスト、すなわち「空《から》の巣《す》症候群」といいます。

「空の巣症候群」は、出生率の減少に反比例して、年々増加の傾向にあります。

昔は子だくさんの家庭が多く、出ていったきりの次男がいれば、家を継ぐ長男がいたり、出戻りの末娘がいたりして、家が〝空の巣〟になることはありませんでした。親がいくつになっても、誰かしら手のかかる子どもがいたのです。

それが親の生きがいで、親の存在価値でもあります。と同時にそれは、子どもたちの誰かが親の老後をみてくれるということでもありました。

ところが、今はちがいます。

女性の社会進出や住宅事情、あるいは人生観の変化などによって、子どもは一家に一・三六八人（二〇〇〇年度統計）が平均となりました。つまり多くても二人、というのがふつうの時代です。

それも一男一女であれば、娘は嫁に出すと考えれば、長男は一人っ子と同じです。その子が結婚して巣立ってしまえば、残るのは親だけ。しかも長男は妻子がだいじで、親の面倒をみたがらない。ここに親の不満が出てくるわけです。

昔の子どもはかならず親の面倒をみたものだ、などとグチをこぼす人もいるようですが、昔だって親もとを離れて出ていってしまう子どもの一人や二人はいたはずです。自分の子どもが一人しかいないからといって、その子が親もとから巣立ちたがっているのを無理やり縛りつけてしまうのは、子どもにとってたいへん不幸なことです。

ということは、六十歳からの新たな人生を楽しく幸せに暮らすためには、精神的な意味で「子離れ」が重要なテーマになってきます。そして、それはなにかといえば、子どもに期待しないことに尽きます。

私のもとへ、多くの〝寂しい親〟から相談が来ます。

「大学も卒業させ、結婚費用も出してやり、家も建ててやったのに老後をみてくれない」とか、「息子夫婦のために二世帯住宅にしたのに、お嫁さんがちっともよくしてくれない」といった子ども夫婦をめぐる不満を訴えます。

そんな親に、私はこう言うのです。

「子どもがほんとうに可愛くて育てたのなら、見返りは期待しないことです。愛は無償のものです。子どもが幸せになることだけを祈りなさい。もしもあなたが、老後の世話を期待しながら育てたとしたら、それは愛ではなく、打算です」

すなわち「期待」という名の打算があるから、子どもの行動に対して、失望もし、不満も出てくるのです。

「子供より親がだいじ、と思いたい」とうそぶいたのは作家の太宰治で、これは多分に逆説と皮肉のニュアンスをふくんでいるように思われていますが、人生を喝破《かっぱ》した太宰治のホンネであったかもしれません。

少なくとも、六十歳からの新たな人生を「空の巣症候群」に侵されることなく楽しく生きるうえで、この言葉はずいぶん示唆《しさ》に富んでいるのではないでしょうか。

ある未亡人が、遺産相続で息子夫婦に相続税の負担をかけさせまいと、時間をかけ、財産をすこしずついろいろな方法で分与しました。もちろん母親にしてみれば、自分の財産が少なくなっても、息子夫婦がいるから心配はないと、息子夫婦に老後をみてもらおうという心づもりがあったからです。息子夫婦もまた、分与されているうちは幼稚園の孫をつれて、頻繁《ひんぱん》に母親の家に遊びに来ていました。

ところが、贈与を無事終えてほっとしたのもつかの間、息子夫婦がよりつかなくなったのです。このときになって母親は、早すぎた遺産相続をくやんだそうです。

しかし、このケースで、私はこう思うのです。つまり、遺産相続を早くしたことが失敗なのではなく、そうすることによって、老後の世話を「期待」することが間違っていたのです。

最近は、老後の世話を子どもにみてもらうつもりはない、という人もふえているようです。たしかに、経済的には子どもをアテにしないという人でも、精神的な面となると、また話はべつでしょう。子どもが結婚したあとも、子どもの生活になにかと口出ししたがるなど、いつまで経っても「子離れ」できない人もみかけます。

とくに最近の六十歳はまだまだ元気ですから、子どもの世話になるどころか、子どもの世話を焼く体力も資力もあるということなのでしょうが、これも親のエゴというもので、子どもにとっては迷惑なだけです。

上坂冬子さんが、『老いの周辺』と題したエッセイの中で、ローマのホテルでバッタリ会った旧知のご夫婦について、こんなことを書かれています。

そのご夫婦は定年退職した〝元サラリーマンツアー〟でローマに来られていたそうです。ご夫婦は、溺愛《できあい》していた一人娘が親の反対する相手のもとに走って連絡すらよこさないという近況を伝えてから、こう言ったそうです。

「気の強い娘ですから、いまごろは相手の男を尻に敷いて大いばりで暮らしていることでしょう。勝手にしろ、ならば親も好きなように生きてみせるとサジを投げたら、むしろサッパリして夫婦の絆《きずな》が強くなりました」

六十歳からの楽しい人生を「空の巣症候群」などに邪魔されないためには、いまから精神的な「子離れ」を果たすことが、大きな課題といえるのではないでしょうか。子どもの世話をする以外にも、自分の新しい生きがいを見つけることで、親も子も幸福に生きていけるはずです。

〝戦艦〟の乗組員から〝ボート〟の船長になる

先にもご紹介したリンドバーグ夫人は、妻であり、作家である以外にも、まだ〝別の顔〟を持っています。彼女は、女性パイロットのパイオニアであり、社会学者であり、五人の子どもたちの母親でもあったのです。一人五役をこなすマルチ・ウーマンで、たいへん忙しい毎日をおくっていたことでしょう。しかし彼女は、これらの役目をこなすために、ただ毎日を費やすという生き方は選びませんでした。

自分の生き方を自分自身でデザインしていったのです。その彼女が五十歳を迎えたときにどうしたかというと、自分は人生のターニングポイントにかかっていると強く意識したのでしょう、一週間ほど海辺を求めて島にこもり、日々の人生を省みて随筆を書いたのでした。

じつは、これが『海からの贈物』なのです。その中で彼女は、中年の始まる五十歳からは、プラトンの教えを受けて内に省みて、自分の内になにがあるかということをこれから探求し、いかに内と外とのバランスがとれた状態で生きていくかについて考えています。

リンドバーグ夫人は、それまでの人生と五十歳以後とでは、決定的に異なることがよくわかっていたのでしょう。それは、これからの人生は、自分でビジョンを描き、プランニングをし、実践していかなければならないということです。

たとえていうなら、六十歳までの人生は、いわば戦艦の乗組員です。会社や家族、子育てといった社会的環境を〝戦艦〟とするなら、あなたはその中の一乗組員として、黙々と自分の義務と責任を果たしてきたのです。戦艦の進む方向や作戦などは、あずかり知らぬところです。

ところが、ある時期になって、戦艦から一人か二人乗りの小さな手漕《てこ》ぎのカッターボートが降ろされ、これからそれに乗り移ってどこでも好きなところに漕いでいけと言われる。これが六十歳なのです。

かねてから希望の地のある人は大喜びです。ヤシの茂る島に向かって漕ぎ出す人もいれば、陸地に向かって漕ぐ人もいるでしょう。それぞれ漕ぎ出すオールに力がこもるというものです。

しかし、戦艦からボートに移るということが念頭になかった人は、いざオールを手にしても、どっちに向いて漕いでいいのやら途方に暮れるはずです。

リンドバーグ夫人は、五十歳にして、自分の漕いでいくべき方向を見定めていたといっていいでしょう。

誰にも、このボートに乗り移る日がかならず来ます。そのことがハッキリしている以上、どこに向かって漕いでいくのか、航海図は早めに用意するのがいいでしょう。

戦艦、つまり会社の中の一個の歯車にすぎない自分に飽き足らず、何か自分が打ち込める趣味を持つというのも、その一つです。これは、来《きた》るべきボートへ乗り移る日のために、格好の準備になるでしょう。

四十の手習いで、かねてから興味を持っていた書道を始めた方がいます。入社以来、経理畑を歩んできたサラリーマンで、伝票整理と電卓を叩くという単調な仕事の反動で、千変万化する筆の芸術に魅せられたといいます。

若い人から見れば、四十歳は「遅いスタート」と思えるかもしれません。しかし、四十歳とはいえ、六十歳の定年まで、じつに二十年という時間があるのです。

この方はこつこつ稽古《けいこ》して、師範の免状を取りました。第二の人生は書道教室を開いて近所の子どもに教えるかたわら、書家として自分の才能にチャレンジすることに目標を置かれたそうです。たとえささやかでも、年に一度は個展を開くつもりでおられます。

こうなると六十歳が待ち遠しくて、それこそスタートの秒読みを待つF1レーサーです。退職二年前から、「あと二十四カ月、あと二十三カ月……」と、はやる心を抑えるのに苦労されたそうです。

みずから生きる目標を設定し、人生の花を咲かせる六十歳は、〝ほんとうの大人〟〝自立した人間〟に向かって、ボートを漕ぎ出すことなのです。

残り三十年の毎日を充実させるための「人生の羅針盤」

東洋小勝さんという曲芸師の方に驚いたことがあります。明治四十三年生まれで、私が知ったときは、もう八十四歳を過ぎていましたが、現役の曲芸師として活躍していました。さすがに若いころのようなハデな芸はやらなくなったそうですが、それでも傘の上で鞄《かばん》や升《ます》や茶碗をまわす芸、扇をアゴにのせてバランスをとる芸は、円熟の極みに達していると評されていました。

それでいて東洋小勝さんは、ふだんの生活では足元さえおぼつかないことがあるそうです。年齢を考えれば、それも当然ですが、ひとたび舞台に立つと別人になってしまうところに、芸人のすさまじい根性を感じざるをえません。

この東洋小勝さんは、曲芸の真髄を問われて、こう答えています。

「曲芸は練習。練習するしかないんや。人がやれないことをする。それが、曲芸ってもんや」

八十四歳にして、火を吐くような芸人根性です。

また、前にもご紹介した上坂冬子さんの『老いの周辺』というエッセイの中に、三味線名人の方の話があります。この方は、八十歳のときに、三味線を膝の上にのせたまま倒れて亡くなられたそうですが、東洋小勝さんとは対照的な人生哲学の持ち主といえるでしょう。

というのも、この方は、芸には年齢の限界があることを理解し、六十歳になってからは舞台に上がるのをやめられたそうです。腕の筋肉が硬くなったのを自覚したのを機に、未練は残すまいとあざやかに退いたというのです。

東洋小勝さんと三味線名人の話をしたのは、ほかでもありません。どちらの生き方がいいかという比較ではなく、満足のいく人生は、お二人のように確固たる人生観を持って六十歳以後を生き抜くことにあるのだということを、ぜひわかっていただきたかったからです。

六十歳を過ぎてから、なかなか新しい人生になじめず、結局、不満だらけの毎日をおくっているという人も、けっして少なくありません。本人だけでなく、周りの気持ちまで暗くしてしまうような生き方ですが、これは、その人に、「確固たる人生観」がないからだとも思えるのです。

ふつうの人は、六十歳までの人生は、会社の方針と価値観に従えば、それでよかったはずです。たとえば、営業の成績を上げることが会社人間にとってすべての価値であるとすれば、それに徹し、達成することに邁進《まいしん》することこそ善でした。言いかえれば、個人の人生観などなくても、生きる指針は会社が与えてくれていたわけです。

女性も同様です。子育てという大きな使命を第一義に、日々の生活をおくっていれば、ものごとの価値判断は、子育てにとっていいか悪いかが規範になります。

ところが六十歳からは、先の手漕ぎボートのたとえのように、自分で人生の目標を立て、価値の基準を決めなければならなくなります。そのときに、何によって価値判断をするかというと、これが人生観になるのではないでしょうか。人生観とは、いわば憲法のようなもので、一個の人間としてのありようを定めるわけです。

芸人は練習につぐ練習で舞台に立ち続けるべきだ、とする人生観が東洋小勝さんなら、芸には年齢の限界があるとする人生観もあります。先の三味線名人です。どちらがすぐれているというのではなく、確固たる人生観、すなわち内なる憲法にしたがって生き方を選択しているということです。

地域の仲間とゲートボールを楽しむのをよしとするのも、人生観です。ゲートボールなど、年寄りじみて嫌だとするのも、人生観です。再就職して、もう一度働いてみたいとするのも人生観なら、趣味に生きるべしとするのも人生観です。

そうした人生観があれば、おのずと自分は何をやったらいいかがわかり、「生きる目標がなくて虚《むな》しい」とか「おもしろいことは何もない」といったグチも出てこなくなるはずです。

要は、六十歳以後をどういう価値観で生きるかという〝羅針盤〟を持つことがたいせつなのです。

「いつかはああなりたい」と憧れる〝生きた教科書＝モデル〟を探そう

若いうちは、たいていの人が「人生は太く短くありたい」と言います。やりたいことを目いっぱいにやりたいというわけですが、この言葉の背後には、ヨボヨボになって老醜をさらしてまで生きたくない、という気持ちがひそんでいます。ところが、こうした意志に反して、寿命はどんどん延び続けているのです。

老人になりたいとわざわざ願う人がいない一方で、老人にならない人もまた、いないのです。

まして長寿の現在、かつて初老といわれた六十歳は、まだ中年の範疇《はんちゅう》にはいります。その中年時代をどう生きるかについて、人生観という〝羅針盤〟を持つことがたいせつだとお話ししましたが、それまで持っていなかった人の場合、これは急に生まれるものでもありません。

「自分には、確固とした人生観などない」と思い、六十歳からの人生に不安を感じている人も多いことでしょう。そういう人におすすめしたいのが、生きた教科書として、歳のとり方の〝モデル〟を選ぶことです。

どういうことかというと、電車の中でも街角でもいいから、自分のだいたい二十歳先と思われる年齢の人を探して吟味することです。四十歳の人なら六十歳を、五十歳の人は七十歳を、六十歳の人は八十歳を、そして七十歳なら九十歳の人の中から、自分の二十年先のモデルを探すのです。

これはという人が見つかったなら、そばに寄って、なぜその人のことを、自分の二十年後のモデルとして評価したのかを徹底的に分析し、学ぶことがたいせつです。

人生で目指すゴールは、いくら書物などを読んでも、本の中にはありません。こうした人と出会い、リアリティに触れることによって、より実現化に近づくのです。

児童文学者の今江祥智《よしとも》さんは昭和七年生まれの七十歳ですが、たしか六十歳をすこし超えたころのこと、ある座談会の中で、歳をとるにしたがって美しくなったのは、イブ・モンタンだけだと、おっしゃっていました。

モンタンのようにすこしでも美しく老いたいがために、今江さんは四十歳になったときから、モンタンのいちばん美しく老けた写真を大きく引き伸ばして仕事場に掲げてあるのだと、笑いをまじえながら語っておられました。これはじつに示唆に富んだ言葉です。

「六十歳になったら、あんな人になりたいな……」

読者のみなさんも、それぞれの年齢に応じて、自分のなりたい未来像を見つけ、そうなるためにはこれからの人生をどう生きたらいいか、を考えてみてはいかがでしょう。

そして、今江さんではありませんが、もしイブ・モンタンを理想とするなら、彼の服装のセンスから表情、仕草まで見習ってみるのです。さらに、これがいちばんたいせつですが、自分のモデルとする人の人生への取り組み方を徹底的にマネし、自分もそれに近づくように努力してみてください。

子どものころに憧《あこが》れた職業や人物が、誰にもあったと思います。たとえば、巨人軍の長嶋茂雄選手の華麗なプレーに憧れて野球を始め、野球界の門を叩いた人もずいぶんいるはずです。

そういう人は、長嶋選手のようなプレーができるようになりたいと一生懸命練習し、長嶋選手の帽子のかぶり方から、サインの仕方まで熱心に研究し、マネしようとしたのではないでしょうか。

六十歳を意識したときも、その子どものときと同じ憧れの目で、私たちは自分の人生の二十年後を見ていく必要があるのです。

若いうちは、「太く短く」とうそぶいていればこと足りますが、人生は中年以降がたいせつなのです。人間が幸福であったかどうかは、六十歳以後、つまり中年以後の人生がどう充実していたかが、じつは大きくかかわっているのです。

若いころにははなばなしく大活躍しても、中年以後は、その思い出だけで生きていくというのでは、あまりに寂しいではありませんか。

六十歳からを充実して過ごしたいと願うなら、それには、モデル探しを自分なりにしてみるのがひじょうに簡単で効果的な方法なのです。

青春を漫然と生き、五十五歳で漫然と中年を迎え、六十歳で漫然と退職した人は、そのあとの二十年、三十年をどうやって生きていくのでしょうか。よけいなお世話といえばそれまでですが、そうした人は、漫然と、ただいたずらに時を過ごしていくのでしょうか。

六十歳までの人生は、いわばノルマで走らされている人生です。ムチでお尻を叩かれ、仕事に子育てにと走り続ける人生マラソンです。

そのノルマから解放され、走ろうと歩こうと寝ころがろうと、好き勝手に人生を謳歌《おうか》する、いわば人生の〝果実期〟に、どういう人間でありたいかという目標がないのでは、まことにもったいない話ではありませんか。

どういう「人間」でありたいかは、どういう「人生」でありたいかということと同義語です。

サークルやボランティア、クラス会には積極的に参加する

〝モデル〟になりそうな人を見つけ、十年後、二十年後はこういう人になりたいと思ったら、近くに寄って徹底的に観察するいっぽう、いろいろな機会をとらえては、新たなモデル探しを心がけることをおすすめします。

というのも、街角で見つけたモデルは、こちらが一方的に観察するだけで、実際に話をしたり、質問したりするのはむずかしいからです。とくに、その人の人生観などの内面については、観察しているだけでは、なかなかわかりにくいでしょう。

その点、特定のサークルとか会合は、モデルを見つける格好の場所といえます。

会社のサークルでも地域の趣味の会でも、機会があれば、積極的に参加したいもの

です。そうした場で、人とふれ合えば、触発されるものも大きいことでしょう。そしてさらにモデルを選び、将来の自分像をつくっていってほしいのです。

人生を知るということでは、ボランティアのグループとかかわりを持つといいと思います。世の中や人のために役立とうとする人たちの集《つど》いですから、人格はある水準以上です。語るに足りる人であることはもちろん、年上のおじいさん、おばあさんなど、素晴らしい人がたくさんいらっしゃるはずです。

そんなとき、「よろしければ、あなたは今、どういう生活をしてらっしゃるんですか」と、気さくに声をかければ、昔はこうこうだったが、今はこうだ、といった貴重な体験談が聞けるはずです。そこに自分の人生観を照らし合わせれば、おのずと生きる指針が見いだせるものです。

もちろんボランティアにかぎらず、趣味や勉強、信仰の会とかかわりを持つのもけっこうです。これぞと思うモデルを見、また話を聞いて、自分の糧《かて》とする。

会社などとちがい、利害を抜きにした趣味や志を同じくする集団ですから、モデルを見つけるのにこれほど格好の場はほかにないのではないでしょうか。

利害を抜きにしたといえば、学校の同窓会やクラス会を積極的に利用するのもよいでしょう。同級生の集まりでは〝将来のモデル〟というわけにはいきませんが、もし私たちより下の世代から、自分たちがモデルとして観察されたらどうかな、という気持ちで同級生たちを見まわすのは、わが身を振り返るという意味でも役に立つものです。

私は関西学院中学を昭和四年に卒業しましたが、何年か前そのクラス会が神戸で開かれ、出席してきました。かつて机を並べた者たちは、お互いに上下関係もなく、利害関係もまったくありませんから、いい大人たちが昔のままに、「おれ」「おまえ」です。すっかり老け込んでしまって見ちがえてしまった友、若々しい友、おとなしい友、エネルギッシュな友……。

「もし私が二十歳下であったなら、誰をモデルに選ぶだろう」

そんな思いで級友の一人ひとりを見まわすと、いろいろ考えさせられることがありました。

そして、モデルを見つける努力と同時に、モデルとして選んだ同級生と自分とは、いったいどこがちがうのか、自分が年下から見られた場合、モデルになりうるかどうかをチェックすることもたいせつです。その意味で、クラス会は自分を映す鏡といっていいでしょう。

クラス会も小学校あたりになると、あまりの変わりように、昔は親しかった友でも、名前と顔が一致しない場合があります。歳月と生き方が、いかに人間を変えていくものか、つくづく思い知ることでしょう。同じことが、程度の差はあれ、自分にも起こっているはずです。

サークルや会も他人の集まりですから、モデル探しどころか、悪口を言い合ったり足を引っ張り合ったりすることも、ときにはあるかもしれません。しかし、それもまた、反面教師になったり、いい勉強になることでしょう。

人のしがらみに一喜一憂することなく、じっくりと観察してください。こうした人の集まりには、かならず得るものがあると思います。

〝モデル〟になりそうな人を見つけたら、積極的に声をかけてみる

放送タレントの永六輔さんが、対談でこんなことをおっしゃったことがあります。

「やがて歳老いていくわれわれには、いま生きていらっしゃるおじいちゃんやおばあちゃんの生き方、考え方を見本にしていこうという気持ちがあるんですよ。いい見本にぶつかると、ほんとうにいい歳のとり方ができる。私はうちの女房に、なんとか大村さんみたいに歳をとってくれないかなということで、いつも大村さんのお書きになったものを読ませたり、テレビでお話しになるのを見せたりしているんですよ」

ここで永さんが言っている大村さんとは、随筆家の大村しげさんのことです。永

さんが「見本」とおっしゃるくらいですから、素晴らしいお人柄の方です。永さんは、モデルとなる人を選び、その人の考え方や所作を知って、参考にし、無意識にマネることのたいせつさを述べておられますが、その意とするところは、この本の読者にはすでにおわかりのことと思います。

芸術は模倣《もほう》から始まる、といわれます。芸事もそうです。師を選び、最初は、徹底して模倣します。ピカソのような画家も、若いころに名画を模写していますが、これもまさに徹底した模倣です。こうしたすぐれた師を模倣していると、やがてその先に独創の世界があらわれます。どんな天才でも、最初から独創的な独自の世界を築いているわけではないのです。

六十歳からの生き方もそれと同じなのです。「師」を選び、その人の人生観、物腰、表情、そして言葉づかいまで徹底的に分析します。

そうすれば、二十年後、自分がその人のようになっているためには、いま何をなすべきか、どんな生活態度でいなければならないかが見えてくるはずです。その目標が定まれば、あとは実践するだけです。

そして、これはすこし勇気のいることですが、モデルとおぼしき人を見つけたなら、積極的に話しかけることです。

「あなたは、どうしてこれをやっておられるんですか」

「なぜ、そうなったのですか」

「いつからそれをやる気になったのですか」

「そうするためには、どれだけ勉強したらいいのですか」

「あなたは、そういう人との出会いを求めてどうされましたか」

訊きたいことがあれば、どんどん質問することです。

できれば、見ず知らずの人にもです。

たとえば、電車に乗ったら、かなり高齢の男性が座っていた。しかし、その人の前に荷物を持った女性が立ったとき、その高齢の男性は席を立って、「どうぞ」と女性に席を譲った。

それを見ていたあなたは、「あの男性の若さはいったいどこからくるのだろうか」と、感心したとします。そうしたときは、躊躇《ちゅうちょ》することはありません。

「失礼ですが、いま拝見していて、とても感銘を受けました。あなたにいろいろお話をうかがいたいのですが」

と、話しかければいいのです。

モデルにしたいと思えるほどの人ですから、礼を尽くして話しかければ、それなりの反応はしてくれるはずです。

講演を聴いて、講師の話に感銘を受けたなら、「すこしお時間をいただけないでしょうか」と、あとでお願いしてみることです。講師がそのあと忙しくて、話をする時間がないようなら、手紙を書くのもいいでしょう。実際、私が九十歳を超えてなお毎日患者さんを診察したり、全国各地へ講演に行ったりしていることを知った患者さんや講演を聴きに来られた方から、「どうすれば、いつまでも元気でいられるのですか」といった質問を直接、あるいは手紙で受けることがよくあります。

漫然と待っていては、モデルから学ぶことはできません。積極的に行動してください。「求めよ、さらば与えられん」なのです。この聖書の言葉のごとく、モデルから答えを求めてください。

私の〝モデル〟オスラー博士との出会い、そして私が実践したこと

六十歳からの生き方の〝モデル〟を見つける重要さは、すでにおわかりいただけたと思います。

次のステップは、そのモデルの行動や考え方をマネることですが、私の場合はどういうふうにしたかをお話ししましょう。

私のモデルは、ウィリアム・オスラー博士です。

オスラー博士は、十九世紀から二十世紀はじめにかけて活躍された内科の世界的権威で、私はもちろんお目にかかったことはありません。たまたま終戦直後に、聖路加国際病院の図書館の蔵書にあった、脳外科医のクッシング博士の書いた『ウィ

リアム・オスラー卿の生涯』という上・下巻を読んだのがきっかけです。この伝記本はアメリカのピュリッツァー賞を受けたというだけあって、ひじょうに力作です。「医者としていちばんだいじなことは、いついかなるときでも心を平静に保つことだ」と医学生に説いたオスラー博士によって、私には「医者」というものがわかったのです。

博士はまた、若いころは茶目っ気があって、先生から見たらどうしようもないイタズラな少年でしたが、やがて改心し、一時は神学を志したものの、牧師になるのをやめて医者になると言い出すのです。私も父が牧師だったため、境遇がすこし似ているという親近感もありましたが、ともあれ、そんなオスラー少年が、やがてアメリカ医学を今日になさしめた恩人になるのです。

私はすっかりこの師に敬服し、医師としての生き方、また自分の人生の生き方を考えるうえで、オスラー博士をモデルと定めたのです。

そこで私は、博士が読まれたと思う本は全部読破しました。アメリカまで出かけ、オスラー博士について、彼の直《じき》弟子に話をうかがいました。

オスラー博士は、老人をたいせつにし、子どもをたいせつにしました。歳をとっても、子どもとかくれんぼしたりなどして、よく遊んだそうです。こうした話は、当然のことながら、博士の著作物などには出てきませんが、たいへんいい話を聞かせてもらったと、うれしく思ったものです。

子どもと友だちになれるというのは、これは人間として最高のことです。なぜなら、犬が本能的に「犬好き」と「犬嫌い」の人間を見分け、「犬嫌い」にはけっして寄っていかないのと同じように、子どももまた本能的に、子どもを愛する大人を見抜くからです。だから、子どもに好かれる老人は最高なのです。

私もオスラー博士がそうしたように、ときおり、いっしょに住んでいる孫と楽しく遊びました。孫は女の子ですが、ボール蹴り、縄跳び、何でもやります。

もちろん医者としても、オスラー博士に一歩でも二歩でも近づけるように、私は勉強しました。そして、オスラー博士のように生きたいな、ああいう内科医になりたいな、という願望が高じて、とうとう彼の伝記『医の道を求めて』を書いて出版するまでにいたりました。この本は、九百ページ近くという、われながら力作となってしまいました。

モデルに選んだなら、その人が自分と同じ歳のときに何をどうやっていたのか、何を考えていたのか、それを徹底的に追求して、同じことを追体験してください。「追体験」の軌道がはずれなかったなら、五年後、十年後、そして二十年後は、モデルと同じになっているはずです。

そのためには、努力も必要です。「ああいう人になりたいな」と、漠然と思っただけで努力がともなわなければ、月を仰ぎ見て吼《ほ》えるだけのオオカミと同じです。月に行きたければ、行くべく努力をすることがたいせつなのと同様に、モデルに心酔したなら、そうなるべく努力が必要なのです。

私がオスラー博士の著作だけでなく、博士が読んだといわれる本まで徹底的に読んでみたのは、その本に何が書かれ、それを読んだ博士が何を考え、どう行動したかということを追体験したかったからです。

その人間に完全になりきることができないとしても、より近づくことはでき、それが、自分がその人のように生きるための力となってくれるのです。

目標にする人は作家でも、歴史上の人物でもかまわない

私にとっての生き方の〝モデル〟がオスラー博士であることは、いまお話ししたとおりです。そして、それが故人であっても、著作物を読み、教え子などに話を聞くことで、実在のモデルに接して話を聞くことと同じ効果が得られることは、おわかりいただけたと思います。

私が学生によく言うことの一つは、「好きな作家がいて、その作家を勉強しようと思ったら、作品はもちろんとして、その作家が何を考え、どう生きたかという生涯を学びなさい」ということです。

たとえば太宰治なら、太宰がどういうふうに失恋をし、どういう心理状態で自殺

を試み、最後に死んだかを知ることです。あるいは、太宰がなぜ聖書にふれてキリスト教を勉強したかを知ることです。それを深く掘り下げて勉強しないと、結局、太宰の作品を読んでも、その心理は理解できません。

オスラー博士は、十七世紀の医者であり神学者であったトーマス・ブラウンの『医師の宗教』という本を愛読していました。死んだときには自分の棺の上に置いてくれと遺言したほどの愛読書です。

私はこの『医師の宗教』を何度も読み返しました。この本から、オスラー博士が何を学び、何を感じとられたのか。もっといえば、棺の上に置いてくれというほどの魅力は、いったい何だったのか。そういうことが知りたかったのです。

すると、今度はトーマス・ブラウンを勉強しなくてはならなくなります。オスラー博士もそうされたはずです。ブラウンを勉強したら、そのさらに先……というように、どんどん進んでいく。本は、そういう読み方をしなさいと、私は学生諸君には教えるのです。その結果として、モデルがどんどん広がることもありうるのです。

このように、いま生きていない人、歴史上の人物でも、人生のモデルとすることができます。

もちろん、モデルは作家でなくても、戦国武将でも、政治家でも、経済人でも誰でもかまいません。自分が、こんな人になりたい、と心底憧れるモデルであればよいのです。

ただ作家の場合は著作物が多いので、その思想なり人生観を知る手がかりは比較的多く残されています。著名な作家であれば、作家論、作品論、人物論など研究書もたくさん出版されています。

ところが、これが作家以外ですと、資料の数が少なく、モデルがあなたと同じ時期に何をどう考えて行動していたかを知るのはたいへんです。が、方法はあります。

そのモデルの弟子なり、家族、子孫の方などをたずねて話を聞くことを手はじめに、モデルが過ごした町へ出かけ、郷土史をあたったり、郷土史家に話を聞くのもいいでしょう。

その場合、当時の時代状況がどうであったかをしっかり把握《はあく》し、その中でとらえることがたいせつです。そして、「このときは、こんなことを感じていたにちがいない」と仮説を立てて検証し、さらに仮説を立てるというように、モデルの素顔に迫っていくのです。

ただし、これは、学術論文をつくるわけではなく、あくまで二十年後は「こんな人になりたい」「こんな人でありたい」という、自分の生き方のモデルとして選んだ人物であることを忘れないでください。その人物を調べることに意義があるのではなく、そこから生き方を学び、それを指針として日々、実践することがたいせつなのです。

とはいうものの、生活に追われたり、いろいろなしがらみがあったりと、いくらモデルを見つけても、とかく人生は思うようにいかないものです。それは、あなただけでなく、私をふくめたみんながそうなのです。

しかし、なかなかうまくいかないからといって、投げ出してしまえばそれまでです。「こういう人になりたい」と強く願い、マネしてうまくいかなくても、続けるところに意味があるのです。もちろん、このマネは六十歳以前から始めたものであっても、六十歳以降も続けていけばよいのです。それだけの時間的余裕が、六十歳以後にはあるのです。

人生というのは、あきらめないで継続し続けるかぎり、敗者も勝者もありません。あきらめたときにはじめて敗者となるのです。モデルをマネするのも、まったくそれと同じことです。マネすることを放棄しないかぎり、あなたはモデルに近づきつつあるのです。

第三章　生きるということはアートである

六十歳からこそ、二十年、三十年先の夢を目標にして生きる

六十歳になると、つい「残された時間はあとわずかしかない」と考えがちです。そして、「何かしなくては……」「すぐにできることは何だろうか……」とあせってしまう人が多いようです。

でも、そこでもう一度落ち着いて考えてみてください。くり返しになりますが、これからの「午後の時間」こそ豊かで、たっぷりと長いのですから。

元お茶の水女子大学児童学科の教授だった田口恒夫さんは、大学をやめる数年前から、六十歳になってからのことを考えていたそうです。スケジュールに追われない生活を求めて、農業の道を選び、退官前に栃木県の山林を購入したのです。

もちろん、大学で教えていた田口さんにとって、農業というのは未知の分野でした。ですから、いざ退官して念願の農業を始めても、はじめのうちは「晴耕雨読」とはいかず、あれこれと苦労をしたようです。しかし最後には、「自然の力を知り、それを活かして生命を維持すること、これがもっとも重要なのではないか」と考えて、「のらりくらり農法」という一種の自然農法にたどりついたそうです。

これも、田口さんに長い目でものを見る余裕があったからこそ、最後までやりぬくことができたのでしょう。もし、性急に結果を出そうとしていたら、ちょっとした障害や失敗に出会った時点でくじけてしまい、「やはり素人《しろうと》には無理だ」と、農業を続けることをあきらめていたかもしれません。

禅学者の鈴木大拙《だいせつ》先生が、九十歳になったときのエピソードも思い出されます。主治医だった私は、冗談めかして、「先生は九十まで健康に仕事をなさりたいと言われましたが、もうその九十になってしまったではないですか」と話しかけました。すると先生はあわてて、「いや、まだまだやりかけている仕事を果たすには、この先数年かかる」とおっしゃったのです。

後日聞いたところによると、実際にこのとき、浄土真宗の聖典である『教行信証』の英訳の最中だったそうです。九十歳にして、このように何年も先のことを考えて行動していた人もいるのです。

たしかに、明日何をやるとか、何時に起きるのかといった計画も重要でしょう。しかし、六十歳という年齢は、それよりももっと先を見て計画を立てることができるときだということを忘れないでください。

私も、つねに十年先、二十年先のことを考えてやってきたつもりです。

世の中で予防医学の重要性が言われる前から、予防医学に力を入れてきたのも、そういう考えがあったからです。また、看護婦さんの仕事を高度にしないといけないと思い、看護婦教育を充実させるために、看護婦の博士コースを設置しました。これには、実現までに十年かかっています。

何から何まで、一度に進めることはできません。一つのことを形にするまでには、時間もかかります。それがわかっているから、あせらずに長期的な目を持って、だんだんと望みをかなえてきたわけです。

二十歳の人には二十歳の夢が、六十歳の人には六十歳の夢があっていいはずです。要は、心の中に夢や理想を描き、それを実現させようと生きることです。

あるとき、私の本を読んだ方から手紙をいただきました。その中に、「二十歳のとき、三十歳のとき、五十歳のときに抱いた夢を、八十四年生かされて、みなかなえていただけたことを、感謝しております」という一節がありました。

なんとうらやましいことでしょう。その人の現在の夢は、「この三つの夢を作文にして、先生に御笑読いただけたら……」ということだそうです。ぜひ、四つめの夢もかなえてもらいたいものです。

八十、九十という人が、目標を持って生きているのですから、六十歳の人があわてていてはいけません。六十歳の人には、まだまだ時間のゆとりがあるのです。一見無理だと思えるような目標であっても、実現は十分に可能です。

むしろ、時間的に無理かな、と思えるくらいの目標を立てたほうが、張り合いがあっていいかもしれません。

現代は、先を急がず「八十歳にして天命を知る」時代

孔子は、『論語』の中で、「四十にして惑《まど》わず」と言いました。しかし、今の人たちは、六十歳になってもまだまだ惑っているようです。ましてや、「五十にして天命を知る」「六十にして耳順《みみしたが》う」ということにはなかなかなりません。

私は、この論語でいう年齢を、現代社会では三十歳ずつずらして考えてもいいのではないかと思っています。というのも、孔子の時代とちがって、今では九十歳を超えて生きる人もめずらしくないからです。「人生百年」を視野に入れて考えれば、私たちは、八十歳で天命を知ることを目指して行動していけばいいのです。

「天命を知る」というのは、いってみれば、何のために「私」があるのかを知るこ

とです。「私」が存在する意義を考えることといってもよいでしょう。

こういうことを考えるには、六十歳からというのは適した年齢であると思います。「『私』が存在する意義を考える」などというと、ずいぶんむずかしいことのように聞こえるかもしれませんが、そんなことはありません。

戦後まもなく、品種改良で「太田ポンカン」を生み出した太田敏雄さんも、自分の存在意義を見いだそうとしていた人です。八十歳近くなっても、太田さんは、清水市の農園で、ポンカンや温州みかんの栽培を続けておられたそうです。つねによいものをつくり出そうとする姿勢は、まったく衰えませんでした。長男夫婦があとを継いでくれてからも、相変わらず農園に出てハサミを手にしておられたとのこと。

「ボクは一生、地下足袋《じかたび》農民。死ぬまでハサミを握るつもり」

この言葉からは、自分の仕事に対する誇りと喜びが感じられます。歳をとったからのんびり暮らすか、といった気持ちはみじんも感じられません。

太田さんは、自分にできることは何なのか、自分らしい生き方とは何なのか、ということをよく知っている人なのでしょう。

たしかに太田さんの仕事は、他人から見ればたいへんな作業かもしれません。しかし、それがつらい仕事と感じるのか、そうでないかは、要は自分が納得できるかどうかにかかわっているのではないでしょうか。

私たちは、生まれようとして生まれたのではありません。気がついたら生まれていたのです。つまり、与えられた人生なのです。その与えられた人生を、どう使えば意味があるのかを、ぜひみなさんに考えていただきたいと思います。

忙しい会社生活では、そんなことをじっくりと考える暇はまずありません。他人のため、会社のために働いていた時間が大半だったことでしょう。

しかし、会社を定年となり、子どもも自分の手を離れると、いくらでも自由な時間ができます。そんなときに、ふと、自分の人生は何だったのかと自問自答する機会も出てくるはずです。

そのときに、「自分はたいしたことをやってこなかった」と、力を落とす必要はすこしもありません。

何度も言うように、六十歳から何かを始めても、すこしも遅いことはありません。

何が自分らしい生き方なのか、じっくりと考えてください。

元東京大学教授の竹内均さんは、定年で退官になる前から、自分らしく生きることを目指していた人です。竹内さんの目標は、「『新エンゲル係数』をゼロにすること」でした。「新エンゲル係数」というのは、もちろん「エンゲル係数」になぞらえたもので、竹内さんのつくった言葉です。

「エンゲル係数」というのは、生活費の中に占める食費の割合のことです。これに対して、竹内さんのいう「新エンゲル係数」とは、「一日の労働時間における、食べるためにやむをえずやっている仕事の割合」をあらわすものだそうです。

つまり、「新エンゲル係数」が一〇〇パーセントならば、やむをえずやっている仕事がすべてということになるわけです。逆に、「新エンゲル係数」がゼロならば、好きなことだけをやって、それでも生活できる状態をさすわけです。

大学教授といっても、好きな研究ばかりしているわけではありません。ときには、事務的な仕事もこなさなくてはならないし、教授会にも出なくてはなりません。大学で働いている以上、それはしかたのないことでしょう。

そこで、竹内さんは定年後に目標をさだめて、計画を立てたのです。その結果、自分にできる仕事の中から、科学雑誌の編集長、予備校の校長、教育テレビへの出演といった仕事を選び出しました。そのための準備も、着々と進めていったのです。

そのようにして、竹内さんは「新エンゲル係数」をゼロにしました。おかげで、毎日、自分の好きな仕事だけをやっていられる、と言っておられます。

この話は、なにも大学の先生にかぎったことではありません。会社員にも自営業の人にも通じることでしょう。

人生を有意義なものにするためには、六十歳からの人生を自分らしく生きることをこころがけてください。そして、そのためには、自分が納得できる何かを持つことが第一です。

「天命を知る」八十歳まで、あなたにはまだまだたくさんの時間があるはずですから、あわてずに、じっくり考えていただきたいものです。

肩書きを失うことで、新しく得られるものもたくさんある

六十歳から自分らしく生きろと口で言うのは簡単ですが、実際にはなかなかうまくいかないものです。

仕事ひとすじで生きてきた人が定年で退職すると、心にぽっかりと穴があいてしまうようだとよく聞きます。人によっては、魂が抜けたような状態になることさえあります。それまで、自分の時間の使い方を知らなかったような人は、とくにその症状が重くなるようです。

たとえば、毎日何をしてよいのかわからないので、退職前と同じように電車で通っている人がいます。毎朝通勤電車に乗って会社の近くまで行くのです。もちろん、

会社にはいれませんから、近くの公園で時間をつぶして、夕方になったらまた家に帰っていく。昼間の日比谷公園には、こんな人がずいぶんいると聞きます。

また、退職時に高い役職にあった人ほど、心にあいた穴は大きいようです。

それまでは高級車で送り迎えしてもらっていたのに、退職後は、どこへ行くにもタクシーに乗るか、自分で歩いていかなければなりません。

たとえ相談役として会社に残ったとしても、お迎えはせいぜい週に一回か二回くらい。それも高級車ではなく、ごく普通の乗用車かもしれません。そんなときに、「ああ、惨《みじ》めだなあ」と感じるのだそうです。

たしかに、それは寂しいことかもしれません。しかし、そんなときは、「歩いていけば、体にいいじゃないか」と考えればいいのです。

それまでは運動不足で、心筋梗塞の危険もあったかもしれないのが、あちこち自分の足で歩いていけば、むしろ五十代のときより健康になるかもしれません。体力だってずっとつくことでしょう。

このように、ものごとをプラスの方向に考えていくのです。歳をとって、あれを失った、これがだめになったなどと言っていたらきりがありません。歳をとったからといって、失うものばかりではありません。新しく得ることも、いくらでもあります。前向きに考える態度を忘れないことです。

ところが、残念なことに、人間はとかく見栄《みえ》にとらわれるのです。それまで高級車が家に横づけされていた人は、家からテクテク歩いて出ていくことがカッコ悪いように感じられるかもしれません。

しかし、見栄というのは、たんに外見がどうこういうだけにすぎません。中身がともなっていないのです。

会社にいたころは、取引先で名刺を出すだけで相手がペコペコしていたという人もいるでしょう。そんな人にかぎって、退職後は誰もあいさつに来ないなどと文句を言うものです。また、お中元、お歳暮の季節には、一部屋にはいりきらないほどのもらいものをしていたのに、会社をやめたら何十分の一になったといって、ショックを受ける人もいるようです。

しかし、外見や肩書きなどは、どんなに立派なものであろうと、いってみればハリボテみたいなものです。退職後に下がったのは、そのハリボテの部分の評価なのです。そう考えれば、すこしも悲しいことはありません。

さらに発想の転換をして、自分の外側だけしか見てくれない人は相手にしてもしかたがない、と割り切ることもいいでしょう。

在職中は、あなたの肩書きを慕って、さまざまな人間が近づいたことでしょう。しかし、その中のかなりの人は、打算的な気持ちで近づいてきた人ではなかったでしょうか。そうした人たちとのつき合いや交渉は、はたしてあなたにとって、ほんとうに有意義なものだったでしょうか。

六十歳を過ぎたら、そんな人たちが来ることはなくなります。

ほんとうの友人ならば、あなたに肩書きがなくなってもつき合いをやめるなどということはないでしょう。ですから、あいさつや贈り物が減ったからといって、嘆くことはまったくありません。そんなときこそ、ハリボテではない生身の自分をたいせつにしてくれる人がわかるのです。

新しいことを創《はじ》められる人は、いくつになっても老いることがない

ここまでは、六十歳になってからどう生きるかという心構えを中心に書いてきました。それでは、実際にどのような実践をしていけばよいのでしょうか。

再三述べたように、六十歳を過ぎたら、「自分らしく生きる」ということが何よりも重要なことだと思います。

さらに、自分に与えられた時間を使って、自分が生きてきた意味を見いだせるようなことができれば、こんな素晴らしいことはありません。最近では、そのように、その人が生涯をかけた業績なり、作品なりをさす言葉として、「ライフワーク」という言い方が定着しているようです。

たとえば私にとっての「ライフワーク」は、ボランティア活動に積極的に参加するということと、日本の医学を発展させるという二つです。

日本の医学が遅れているという実態は、一九五一年にはじめてアメリカに行ったときに、痛切に感じました。設備や技術的なことはもちろん、医学教育にいたるまで何もかも、日本は二十年遅れていました。

それまで、日本はドイツ医学を取り入れて、ただそれをマネているだけにすぎなかったのです。ところがアメリカは、最初はドイツ医学を輸入したところまでは日本と同じですが、そのうえにアメリカ医学をつくりあげていました。驚きと憧れがきっかけで、私は聖路加国際病院を日本のモデル病院にしてみたいと思ったのです。

目標を持って生きている人は歳をとらない、と昔から言われています。自分自身のことを言うのは気恥ずかしいのですが、こういう「ライフワーク」があるからこそ、私は九十歳を過ぎてからも、現役でいられるのだと思います。

しかし、上には上がいます。

一八九五年生まれの新内節《しんないぶし》の岡本文弥《ぶんや》さんは、なんと、百歳でお亡くなりになる直前まで、現役で活動をしておられました。九十九歳で、従軍慰安婦の嘆きを歌った「ぶんやアリラン」を創作して話題を呼びました。岡本さんはこう言っておられます。

「新内というと、古い曲だけを聴いていればいいという人もいるけれど、新作があると客層がふえるんです。客がふえるので、私も五十年、百年と生きる張り合いが出てきました。新作があるから、長生きできる自信がつきました」

この言葉の中に、岡本さんの元気の秘訣《ひけつ》があります。岡本さんはたんに古典的な新内をくり返しているわけではないのです。新作をつくるという創造的なライフワークがあったからこそ、生活にハリができて、高齢をものともしなかったのでしょう。

新作をつくるためには、世の中のさまざまな情報に心を開いていなくてはなりませんし、ほどよい緊張感を保っていなくてはなりません。その効果によって、いつまでも老いることなく、現役でいられるという、よいお手本です。

私も、岡本さんと同じく、つねに新しいことに取り組んでいます。

これまでは、とくに医学教育や予防医学に力を入れてきました。しかし、これでさえも今の状態が完全であるとはいえませんし、これからはガンの告知の問題にも積極的に取り組んでいかなくてはなりません。このように、やりたいことがまだまだあるので、とても老け込んでいる暇などありません。

長年あたためてきた、末期ガンの患者さんをお世話するためのホスピスが、富士山を仰ぐゴルフ場内に完成したのは、私が八十三歳のときです。

ここでは、人生の最後の残された時期を、苦しむことなく過ごすことができます。そして、ここに入所された方は、これで自分の生涯が終わっても後悔はないというおだやかな気持ちになり、死を受け入れる用意ができます。その意味で私はここを、「ピース・ハウス」と名づけました。

ここでは、亡くなっていく人が、

「たいしたことはできなかったけれど、私は生まれてきてよかったよ。意味があったよ」

とおっしゃいます。

このひと言があれば、残された人はどんなに勇気づけられることでしょう。そして、お子さんやお孫さんが、「おじいちゃん、おばあちゃんの生きた意味は何だろうか」と考えて、さらには自分の人生や死についても思いをめぐらす機会にもなるのです。

それだけでも、亡くなった方は、あとに残った人たちに素晴らしいものを残してくれたといえるではありませんか。

このような患者さんと出会うにつけ、私は、生きるということはアートであると確信するようになりました。

アートというと、たとえば音楽家が楽器を演奏したり、画家が絵を描いたりするといったことを思い浮かべることでしょう。どれも自分で創造したり、活動したりといったパフォーマンスであるわけです。

そう考えれば、生きるということも、舞台で演技をすることと同じように、私たち自身が演じるパフォーマンスではないか、と考えるようになったのです。

私たちは、それぞれが自分の人生をいろどり、そして何かを残していくのです。たとえ人の一生は短くても、その人がつくりあげたアートは、長くあとに残っていくものだと思います。

イスラエルのM・ブーバーという二十世紀前半の哲学者が書いた『我と汝』という本に、次のような一節がありました。

「人間というのは、新しいことを始めることさえ忘れなければ、老いるものではない」

以前、私が『老いを創《はじ》める』という題の本を書いたのも、この〝始める〟という言葉を強めるためでした。

生きていれば、歳は誰でもとりますが、年齢を重ねれば老いるというものではありません。

みなさんも、老いることのないように、これまでにやってこなかったことをぜひ〝創め〟てみてください。

第四章　ライフワークを持つことが若さの秘訣

新しい習慣づくりが「新しい発想」「新しい緊張」を生み出す

「何か新しいことを始めたいのだが、何をやったらいいかが、すぐには見つからない」という人も多いことでしょう。六十歳からの「ライフワーク」を探すというのはもちろんだいじなことですが、では明日から始めましょうというわけにはいかないかもしれません。

とはいえ、「見つかるまで待とうホトトギス」と、ただ待っているだけでは、おそらく何も見つからないでしょう。そこで、まず手はじめに、もっと身近なところから、新しいことをやっていくことを考えてほしいのです。

たとえば、新しい習慣をつくるというのも、「ライフワーク」とならんで、六十歳からの人生を有意義にする試みとなります。

あなたにはこれまでの人生経験から、さまざまな習慣が身についていることでしょう。しかし六十歳になったら、その習慣を変えてしまうのです。はじめのうちは新しい習慣に慣れないため、つらいことや、やめたくなることもあるかもしれません。でも、これはぜひやっていただきたいと思います。新しい習慣ができれば、かならず快い刺激となるはずです。

余談ながら、一九〇一年に第一回のノーベル賞授賞が行なわれて以来、ほぼ百年経ちますが、その間、日本の医学校出身の医学者は、一回もノーベル生理学・医学賞をとっていません。

私が見ているかぎりでは、日本人の医学のエリートの研究者の多くは、ずっと同じ研究を続けていることが多いのです。こんなことでは、新しい発想は生まれてきません。創造的な活動をするには、十年ごとに発想を変えて、新たに研究に取り組む必要があります。

習慣についても同じことがいえます。何年かに一回は、習慣を大きく変えてみるのです。たとえば、それまで出不精だった人は、二週間に一回遠出をするというのでもいいでしょう。また、あまり関心のなかった分野の本を、すこしずつ読んでみるというのもいいかもしれません。

何でもいいですから、新しい習慣を身につけて、それを励みにしていくようにするのです。そうすれば、そこにいい意味での緊張感が生まれます。これも、老け込まないためのいい方法だと思います。

若いうちに身についた習慣にしたがうだけなら、それがたとえよい習慣であっても、結局は惰性になってしまうのです。それでは緊張感は生まれず、老いを防ぐことはできません。

よい習慣は無理に捨てることはありませんが、それに加えて、新しい習慣をつくるようにするのです。

音楽教育法・スズキメソードの創始者でバイオリニストの故鈴木鎮一《しんいち》さんは、九十五歳を過ぎても元気にバイオリンを教えていたそうです。

鈴木さんの日課というのは、毎朝四時に起きて、全国の生徒から送られてくる何十本ものテープを聴いては、コメントを口述して録音することで、これこそ長寿の秘訣だったそうです。

おそらく鈴木さんは、「生徒が自分のコメントを待っているのだ」という使命感を持って毎日、その仕事に取り組んでおられたのでしょう。たとえその気持ちが無意識的なものであるにせよ、気を張ってやっていると老け込まないものです。

このような特別な仕事をしている人でなくても、いくらでも「習慣」は見つかるはずです。たとえば、私のところへ、このところ毎年年賀状を送ってくださる方がいらっしゃいます。手紙やあいさつなど、新しくつくる習慣は、誰にでもできるような習慣でかまわないのです。

とくにこの方の場合は、そのときどきの意見や考え、抱負を書いてくださるので、読んでいてもじつに楽しいのです。たぶんこの方は、年末が近づくと、「今年の年賀状にはどんなことを書こうか」と考えているのでしょう。何気なくともめりはりのついた習慣が身につけば、毎年目標ができて、自分の知らないところで大きな励みになっているはずです。

そして、書き終わったあとに、心の底ではたぶん、「来年も年賀状を書けるように、無事でいなければいけない」と考えていらっしゃるのではないかと思います。

いずれにしても、新しい習慣をつくることは、人生を有意義に生きるために必要なことです。新しい習慣は、第二の軌道、第三の軌道となって、身も心もリフレッシュさせてくれます。

いつまでも、古い軌道の惰性で生きていてはいけません。そして、つねにある程度の緊張感を持っていれば、老いるスピードは鈍るのです。

好奇心を持ち続けられれば、余生を惰性で生きることはない

新しい習慣をつくることで、老いは防ぐことができます。しかし、それには新しいことをしようとする好奇心がいつもなくてはなりません。私は、老いないための第一条件は、好奇心を持つことだと考えています。

たとえば、何かまったくやったことのないものに挑戦してみるとしましょう。その場合、「これをやろう」と思うには、そのことに関心や興味がなければ始まりません。

子どもを見ているとわかりますが、どんなに高価なオモチャを与えても、そのオモチャよりもほかのことに関心があれば、オモチャには見向きもしません。「こう

やって遊ぶのよ」と教えても、すぐに飽きて放り出してしまうでしょう。

大人の場合も同じです。自分にとって関心のないことなら、たとえそれが仕事でも、なかなか一生懸命にはなれません。適当にすませてしまうのではないでしょうか。逆に、強い関心や興味のあることは、それがお金にならないことでも、熱心に取り組むのが人間というものです。

ですから、いろいろなことに関心を持つ、好奇心旺盛な人ほど、やりたいことがいろいろあることでしょう。もしかすると、いろいろなことに手をつけてはみるが、三日坊主で、すぐほかのことをやりたくなるかもしれません。

また、自分ではとくに関心がないが、人がやっておもしろいというので自分もやってみようか、と思う人もいるかもしれません。しかし、それでもいいのです。もしかすると、そうした中から、「ライフワーク」が見つかるかもしれません。

こんな話を聞いたことがあります。ある男性の方の話です。その人は六十五歳で退職してから、一念発起してコンピュータの勉強を始めたのです。というのも、

「退職してこのままでいては、退屈の中に溺《おぼ》れてしまう」と感じたからです。

そこまではよくある話かもしれませんが、ここからがその人のすごいところです。毎朝弁当を持って、秋葉原《あきはばら》のショールームに通いつめました。そこでは店員さんの好意にもめぐまれ、なんとか三カ月後に、工場の工程管理プログラムを完成させてしまったのです。

それだけならまだしも、ほんとうのプログラマーになってしまいました。会社や病院に自分のつくったプログラムを売り込み、契約をつぎつぎととっていったのです。この方の成功は、つねに好奇心を持って行動したことにあるのではないでしょうか。

もちろん、六十歳からは、お金がかせげるかどうかは、それほど問題ではありません。それよりも、好奇心を失わずに、新しいものごとに取り組む態度が高く評価されます。

しかし実際には、歳をとるにしたがって、人は好奇心を失う傾向にあります。体力が衰えてくると、新しいことに挑戦する気力もなくなってしまうのでしょうか。

しかし、これでは、まさに「貧すれば鈍す」という状態になってしまいます。好奇心を失った人は、それまでに得たことに固執していき、悪い意味での「頑固」な人になっていきます。

こういう人は、余生を惰性で生きていくしかありません。そうなると、残念ながら、感性もだんだんと鈍くなり、いつのまにか老いてしまうのです。

まず自分自身に希望を与えましょう。あなたが希望を持って生きている姿は、まわりの人に希望を与えるのです。

あなたが健康であり、若々しくあることで、ああ、あなたのようでありたい、と周囲の人のモデルにもなるのです。

〝六十の手習い〟は、あえていままで敬遠していたことに挑戦したい

私のところに、「時間はできたのですが、どういうことをやればいいでしょうか」とたずねに来る人がよくいます。一つの手として、前項の方のように、これまでやっていなかったことに新しく取り組むことが考えられます。

さらに、私は次のようにつけ加えることにしています。

「どうせなら、いままで避けていたものをやってみたらどうでしょうか」

たとえば、それまで「どうせ自分にはできない」「これは自分には苦手の分野だ」と考えていたことがらに、もう一度チャレンジしてみるのです。これは、なにも逆説的な意味で言っているのではありません。私なりの根拠があるのです。

そもそも人間の脳というのは、生理学者によると、全体の四分の一しか使われていないそうです。そうだとすれば、残りの四分の三は六十歳になっても使われていないことになります。だからこそ、六十歳からはこの部分を使って新しく学習を始めることを考えればいいのです。

脳の右半分と左半分とでは、働きがちがっているという話を聞かれたことがある方も多いと思います。左脳は計算のような技術的な能力をつかさどり、右脳は音楽を聴くときのような感性をつかさどっています。

すると、これまで技術的な仕事をしてきた人は、左脳ばかり使っていて、右脳は遊んでいたということになります。もちろん、逆の人もいるでしょう。

ですから、「私はどういうことをやったらいいでしょうか」と質問に来る人に対しては、「それまで使っていなかった脳を使いなさい」と答えるのです。わかりやすく言うと、いままでやってきた分野とはちがうことをしなさいということです。

たとえば、若いときにたまたま数学ができたから理科系に進んだ、という人は大勢いらっしゃることでしょう。しかし、その人には、じつは数学以上に音楽や絵画の才能が隠れているかもしれません。若いときはその才能に気づかず、最初についた仕事に追われていたという理由だけで、潜在していたほかの才能を花開かせる機会がなかっただけかもしれないのです。

六十歳になったら、すこし変わったことをして、一から始めてみたらどうでしょうか。これが、私の言う「六十の手習い」です。

私の知っている男性管理職の方で、五十五歳までにガンの手術を三回受けた人がいました。この方はとうとうガンノイローゼになってしまい、次はどこにガンができるのかと毎日心配ばかりしていたのです。私はこの人に、絵を習ってみるようにとすすめてみました。

はじめのうちは、「いままで絵を描いたことなんかありませんし、私は不器用だから、そんなことはできません」と言うだけでした。それでも、まあやるだけやってみたらどうですか、と言う私の言葉に、半信半疑で絵を始めたのです。

すると、どうしたことでしょう。絵にすっかり夢中になって、仲間とスケッチ旅行をしたり、また、若い女性のモデルを熱心に描かれるではありませんか。不器用どころか、その人の絵の才能はたいしたものでした。さらに、信州に行って山を描くことに情熱をかたむけ、数年後には個展を開くまでになったのです。

その勢いと反比例するように、ガンノイローゼはだんだんと消えていきました。

まさに、これこそが自己発見ではないでしょうか。その人は、「自分にこんな能力があるとは思わなかった」と内心思われていたと思います。しかし、彼は、自分が持っていた才能を、五十五歳になるまで、使ってこなかったにすぎないのです。

こんな〝発見〟は、この人だけにかぎりません。みなさんにも、自分でも思ってみなかったような、意外な才能が隠されているかもしれません。たっぷり時間があるのですから、じっくりと取り組んでみてはどうでしょう。入試という締め切りをひかえた受験生ではないのですから、あせる必要はありません。忘れたらまた覚え、忘れたらまた覚えればいいのです。これが「六十の手習い」のコツだと思います。

「六十の手習い」といえば、こんな人もいました。その人は、頑固じいさんで有名でした。ずっと役人をしていたことも理由の一つかもしれません。九州にお住まいの方で、古典的な家父長の雰囲気を持っていました。周囲の誰もが、あのままボケていくのではないかと心配をしていたものです。

ところが、還暦のお祝いに娘さんから贈られたワープロ一台で、すっかり様子が変わってしまったのです。

もっとも、プレゼントにワープロを指定したのはご本人だそうで、はじめは、手や頭を動かしていればボケないだろうという軽い気持ちだったようです。

もちろん、ワープロはおろか、タイプライターもさわったことのない人です。しかし、好奇心だけは失っていなかったようです。

もらった翌日からワープロに熱中し、一カ月もすると、娘さんも顔負けの文書がつくれるようになってしまいました。

上手にできれば、他人に見せたくなるものです。あちこちの友人や東京に出ている子どもに、ワープロで打った手紙を頻繁に出すようになりました。おかげで、疎遠だった友人とも頻繁に連絡をとるようになり、その方は、すっかり外交的で陽気な人に変わってしまったそうです。

若いころ好きだったことを、もう一度再開してみるのもいい

「ライフワーク」を探すためにもっともよいことは、好奇心を持ち続けて、新しいことがらに取り組むことだという具体的な実例を、いくつかで紹介してきました。

しかし、場合によっては、まったく新しいことではなく、若いころに好きだった何かを「ライフワーク」に結びつけるのもいい方法です。

私にとっては、それは音楽でした。若いころ好きだった音楽が、今の私の「ライフワーク」に結びついたのです。

私の「ライフワーク」は、前にも書いたように、日本の医学レベルを向上させることです。一見何の関係もないような音楽と医学が、どうやって結びついたのか、

私が音楽治療に心を寄せている理由はこうです。

私は、十歳のときに腎臓炎をわずらいました。当然、好きな野球そのほかの運動は禁じられましたので、その代わりに、母のすすめでピアノを習いはじめたのです。それが、音楽とのはじめての出会いだといってもよいでしょう。

私は、たちまち音楽の魅力にとりつかれました。中学生のときには、友だち同士でカルテットを組んで演奏旅行をしたりもしました。

さらに、高校から大学にはいるときには、結核をわずらいました。大学一年のときには、一年間休学したくらいですから、もう医者になることは半分あきらめていました。医者がだめだったら音楽家になろうと考えたほどです。

ところが、親から「いやだめだ、せっかくはいった医学部を卒業しなさい」と強硬に反対されたため、音楽に転向することはやめて医者になったのです。

もっとも、医者になってみたら、たいへんおもしろくて、結果的にはよかったのでしょう。音楽のほうは、大学院在学中に、毎日暇を見つけては教会のコーラスの指揮をしたりと、その後も続けていました。

このような私ですから、音楽治療を始めたのは、たんなる思いつきではありません。実際に、アメリカでは三十年も前から、障害者や老人などに音楽を聴かせて心の支えとするという療法が行なわれてきました。

音楽療法を音楽大学の課程に取り入れるきっかけは、桐朋学園大学の三善晃《みよしあきら》学長（当時）と、一九八九年に面談したことに始まります。名門の同学に、「音楽療法」の選択課程が開かれました。

私は三善学長に、そもそも音楽というものは、専門の作曲家や演奏者のものだけでなく、聴衆のためにあるのだということを自分自身の体験から学んだ、だからこそ、体や心が病んだ人のために、音楽は必要なのではないかとお話ししたのです。薬も理学療法も効かないというときに、音楽が病む人の心を支え、病を癒《いや》す手だてにならないかと考えたわけです。

これからは、雑用からなるべく離れて音楽に集中し、患者さんのための曲を書いたり、合唱を指揮したり、ピアノのキーにもときおり触れてみたいと考えています。

私の場合は、若いころ好きだった音楽への思いが、心の奥でくすぶっていたのでしょう。ただ、これまでは忙しい仕事にまぎれて、なかなかそれが表に出てこなかったのです。このようなことは、どなたにもあることだと思います。

また、幼いころの体験がきっかけとなって、「ライフワーク」を探しあてた人もいます。

その体験というのは、五、六歳のころに見た葬式だったそうです。その土地では、まだ土葬が行なわれていましたが、儀式が終わったあと、大人たちは、お墓の穴に棺桶をドサッと乱暴に投げ入れたのです。

あまりの雑な扱いに驚いて、「なぜ、あんなに乱暴なことをするのか」と訊《き》いたところ、おじいさんが、「ああすれば棺桶が壊れて、死んだ人が早く土に還《かえ》れるんだよ」と教えてくれたそうです。これは庶民の知恵です。

その人が成人し、やがて退職して通った図書館の民俗学の本には、そうした庶民の知恵はどこにも書かれていませんでした。学術的なことが先行して、味もそっけもないと感じられたのです。自分たちが伝えなくては、昔の人の知恵は永遠に忘れ去られてしまうという使命感がわき起こったのでしょう。

それ以来、自分の知っていることを文章にまとめる作業を始めたのです。最近では興味の範囲が広がり、観光客がまったくいないような山奥のお祭りを見に行ったり、あちこちの村の古い歴史をひもといておられるそうです。

このように、若いころの情熱や若いころの体験というのを思い出してみるのも、「ライフワーク」を見つける格好の手がかりとなってくれるはずです。

六十歳からの人生を豊かにする〝投資〟のすすめ

「ライフワーク」を進めるためには、ある程度の出費がどうしても必要になってきます。「ライフワーク」のために、退職金を全部使い果たせとは言いませんが、中にはそういう人もいます。

自宅を改造して社交場や資料館をつくった、という話はよく耳にします。たとえば、退職金をはたいて川崎市に二階建ての児童図書館をつくった人の話を新聞の記事で見かけたことがあります。この図書館は、成人学級や人形劇などの会場としても開放され、コミュニティー活動の拠点となっていると聞きます。

また、世界の楽器を集めて博物館をつくった人、美術館を建てた人、仏教を学んで自宅に本堂をつくった人など、そうした例は、枚挙にいとまがありません。

企業を定年退職すれば、それなりの退職金が出るはずです。それは、もうあなたが自由に使っていいお金です。

ところが、「お金は貯めなくてはいけない、無駄づかいしてはいけない」と考える人も多くいます。あるいは、このお金を減らさずにすこしでもふやすことがだいじだ、と考える人もいるでしょう。そのために、すこしでも儲かる投資先はないかと探したあげく、バブル経済の崩壊ですべてを失ってしまったケースもありますし、詐欺《さぎ》でだましとられてしまうケースもけっしてめずらしくはありません。

しかし、お金や土地は、それを持って死ぬことはできないのです。また、ライフワークのために使うのなら、それはけっして「無駄づかい」ではないでしょう。あやしげな儲け話に投資するより、ずっと価値ある投資といえるのではないでしょうか。

もうすでに、子どもは手がかからなくなっていることでしょう。たとえライフワークに退職金をつぎ込んで、それがうまくいかなくても、夫婦で生活していけるだけのお金さえ残しておけば、ぜいたくさえしなければなんとかなるものです。

そう考えると、六十歳からのほうが、以前よりも大胆な行動をとることができるのではないでしょうか。


大胆といえば、六十七歳になってミュージカルに挑んだ人がいます。六十六歳のときに新聞で、「アーティスト養成講座」のシニアコースの募集記事を見つけたのがきっかけでした。以前からミュージカルに憧れていたその女性は、大きく心が動かされます。それでも、すぐに決心がついたわけではありません。

「六十歳ならすぐに決断できたでしょうが、そのとき私は六十六だったので、最初は無理だとあきらめてしまったのです」と躊躇《ちゅうちょ》した気持ちが、この方のことを紹介した記事には書かれていました。

しかも、費用は百万円もかかるのです。現代の若者ならいざ知らず、自分のためにお金を使うなど考えてもみない世代の人です。百万円などという大金を、自分の稽古《けいこ》事に使うなどとは、それまでの人生からは考えられなかったことでしょう。

結局は、娘さんの後押しもあって、講座に通うことになったそうですが、あとになって、「やったことのないものに挑戦したかった。いままでの自分とちがうことをしてみたいと思った」と語ったそうです。

結局、この女性は自分の願望を優先したわけですが、これは賢明な選択でした。発表会までは、ミュージカルを習っていることをご主人にも黙っていたそうですが、そんな心配も必要なく、ご主人もたいへん喜んでくれたそうです。

自分のやりたいことができ、それで自分やまわりの人たちの心が豊かになるのだったら、百万円というのはずいぶん安い投資ではないでしょうか。

何百万、何千万という退職金をもらっても、銀行に預けただけでは、利子らしい利子もつきません。

金は天下のまわりものといいます。六十歳からの新しい人生のためには、しかるべき〝投資〟も計算に入れておいてはどうでしょうか。

第一線ではないからできる「給料」より「生きがい」の仕事選び

最近では、高齢になっても働き続けたいと考えている人がひじょうに多いようです。二〇〇〇年に厚生労働省が行なった「高年齢者就業実態調査」からも、その様子がはっきりと読みとれます。

それによると、現在、仕事をしている人の割合は、六十歳から六十四歳の男性で六六・五パーセント、六十五歳から六十九歳で五一・六パーセントもおられます。

逆に仕事を今していない人で、就業希望を持つ人は、それぞれ五五・〇パーセント、三七・四パーセントに達しています。さらに六十歳から六十四歳の女性でも、四一・五パーセントが就業者なのです。これは、そうとう大きな数字だと考えてよいでしょう。

その理由は、「経済上の理由」がもっとも多いのは当然ですが、「いきがい・社会参加のため」「健康上の理由」という動機が年齢とともに上昇する傾向があります。

いっぽうで、雇用する側のデータも紹介されています。五十五歳以上の求人倍率は、〇一年三月が〇・一四倍、〇二年三月が〇・二四倍と、きわめて低い水準です。〇・二四倍といえば、約四人の就職希望者に対して、仕事につける人は一人しかいないということです。こうした数字は、ここしばらくは変わらないことでしょう。

企業側が高齢者の雇用を避けようとしている理由としては、「体力・能力の低下」「安全管理・健康の不安」「適した職種の不足」をあげています。

このようなデータを見るかぎり、高齢者の再就職は、なかなかむずかしい状況だといわざるをえません。たとえ就職先が見つかっても、少なくとも、給料が以前勤めていた会社よりもだいぶ目減りすることになるでしょう。

しかし、ものは考えようです。たとえ今度の給料が、以前勤めていた会社の給料より少なくても、その差額は投資だと思えばいいのです。新しいことが習えて、しかもお金がもらえると考えれば、それほど苦になるものではありません。

そのためには、自分にとってやりがいのある仕事を選ぶ必要があります。それもなるべく、それまでの仕事とはちがう職種を選んだほうがよいでしょう。以前と同じ仕事をしていて、給料だけ下がったのでは、つい不満を抱きやすくなります。


人事院を経て、その後いくつかの民間会社に勤めたのちに退職された西村秀夫さんは、男性ヘルパーの道を選びました。このヘルパーというのは、老人を抱える家庭、老人病院、特別養護老人ホームなどをたずねて、世話をする仕事です。

この仕事は、女性が圧倒的に多く、男性からはどうしても敬遠されがちです。おまけに、西村さんの収入は、サラリーマン時代にくらべてだいぶ減っています。午前と午後に三時間ずつ在宅介護にあたって、協会から支払われるのは、時給千円前後だそうです。ほかの人から見れば、ワリにあわない仕事と映ることでしょう。

しかし、ヘルパーは女性社会だからこそ、男性でなくてはできない仕事があったのです。女性のヘルパーが行くと恥ずかしくて排泄を言い出せない人も、西村さんならば気軽に言えます。また、男同士だからこそ話が通じることもあるでしょう。

介護を通じて、西村さんは人間を理解することができ、さまざまな喜びを感じることができました。また、同じ仕事をする仲間と出会うこともできたのです。

こんな経験は、役所や会社に勤めていたときにはできなかったことで、この喜びは、けっして金銭にかえることができないと西村さんは言います。

西村さんは、それまでの仕事とまるでちがった分野で、自分の仕事を見いだしたのです。もしこれが子会社や関連会社に再就職していたのでは、このような喜びを味わえなかったことでしょう。

みなさんも、自活できるだけのお金があったら、ぜひそれまでの仕事にとらわれずに、まったく異なった分野に挑戦してみてください。それまで自分でもわからなかった才能や適性が見つかるかもしれません。

いままでやったことがないことでも、仕事は、実際にやりながら覚えていけばいいのです。仕事の中でのトレーニングは、何時間もの講義を聴くより、ずっと効率よく必要なことが身につけられるものです。

柔らか頭で探せば、やりがいのある職場もたくさんある

六十歳以降も働きたいという人の場合、前項でもふれたように、その多くは、給料のために働くのではありません。

それならば、五十五歳以上の人間を雇ってくれる場がかぎられていて、なかなか見つからないと嘆いたり、ぼやいたりする前に、社会でどういうことが求められているのかを、自分から探してみるとよいのではないでしょうか。

たとえば、私のまわりを見渡すと、いくらでも社会に貢献できる仕事があります。末期ガン患者の治療を行なうホスピスのボランティアもその一つです。とくに男性のボランティアは、全体の五パーセントもいないのですから、男性がいらっしゃっ

たら大歓迎です。それはちょっとつらいというのならば、ホスピスに入院する患者さんを見舞う人たちを運ぶ運転手になることもできます。

医学関係でなくても、社会に貢献できることはいたるところに見つけられます。たとえば、日本にいる外国人のために仕事をやってもいいのです。日本語を教えるのなら、そのための技術をすこし勉強すればなんとかなります。日本語で教えるのですから、英語や中国語がペラペラである必要はまったくありません。

世の中には、日本語学校に行きたくても、お金がなくて通えない外国人がたくさんいます。日本語が話せないので、日本の社会から疎外されがちです。

日本語がわからないのですから、当然日本の習慣やしきたりも理解できない人が多いことでしょう。ちょっとした誤解が原因で、大きな事件になってしまったということもしばしば耳にします。

そういう人たちに、安い授業料かあるいはボランティアで日本語を教えてあげられれば、相互の理解が進むことは間違いありません。

彼らが日本に来て感じている孤独感を取り除くこともできるでしょうし、日本のことをもっとよく理解してもらえるようにもなるでしょう。

教える側にとっても、外国人のものの考え方を知ることができて、心地よいカルチャーショックを味わうことができるはずです。

そのような草の根の交流は、政府同士の交渉よりも意味のあるものです。言葉に多少の興味のある人ならば、この日本語教師つまり〝ミニ外交官〟も、六十歳からの仕事の一つにリストアップしてみてください。

社会でどういうことが求められているかは、新聞やテレビを見ていれば、いくらでも見つかるはずです。企業という組織の中でなくても、人を求めている仕事はたくさんあります。

六十歳からの人生を充実させる有意義な仕事探しに、ぜひ柔軟な頭と心で取り組んでみてください。あなたにもでき、しかも心の満足感も得られる〝仕事〟が、きっと見つかるはずです。

知識や経験を伝えるのは、人生の先輩のだいじな仕事の一つ

六十歳に達した人は、何よりも経験や知識の点で、年下の世代よりまさっています。そこで、自分が経験してきたことを、次の世代に伝えることも重要なライフワークに数えることができるでしょう。

これまでは、おじいちゃん・おばあちゃんが孫といっしょに住んでいたので、経験や知識の伝達も、スムーズにいっていました。ところが近年は、都会では核家族化が進み田舎からも囲炉裏《いろり》が消えてしまって、子どもたちがおじいちゃんやおばあちゃんの話を聞く機会がめっきり減ってきてしまいました。

このままではまずいという危機感を抱く人が多いのでしょうか、このところ、あ

ちこちで、高齢者を講師にした講演会や講習会が花盛りです。

たとえば、小学校に近所のおじいさん・おばあさんを招いて、子どもに竹とんぼのつくり方を教えてもらったり、戦争当時の話をしてもらっているところもあります。また、若いお母さん方を集めて、料理の得意なおばあさんが昔ながらの料理を教える会もあります。こうした会は、どれもたいへん好評で、全国的にちょっとしたブームになっているようです。

こんな中で、とくに私が注目しているのが「シルバーガイド」です。これは、地元の高齢者がガイドとなって、観光客に名所の案内をするもので、京都や神戸、鎌倉などで採用されています。

観光客にも、「愛着を持っているのが説明でもわかり、温かさが感じられた」「お寺のパンフレットにも載っていないむずかしいことを、わかりやすくかみくだいて教えてくれた」など、たいへん好評です。

これは、じつにうまいことを考えたものです。観光客にとっては、豊かな経験と知識を持った人の説明を聞くことができて、こんないいことはないでしょう。また、シルバーガイドにとっても、愛着のある地元で、自分の経験を次の世代に伝えることができるのですから、願ったりかなったりです。

シルバーガイドになるためには、地元で養成講座を受ける必要があります。そして京都の場合、ガイド料の基本額は二時間以内三千円となっています。この料金については、シルバーガイド自身が「料金をもらうことで責任感を持ち、ガイドの質を高めていくように励むことができる」と語っています。

無料のボランティアではなく、自分の仕事が評価されるという条件があるのも、六十歳以上の人には刺激となっていい結果がもたらされるのでしょう。

それにしても、「自分が学んだことを人に伝える」という仕事は、六十歳からだからこそできる仕事です。

体力やスピードが多分に求められる仕事だと、ほとんどの場合、若者にはかないません。そうなると、体力が落ちている高齢者の待遇が悪くなってしまうのは、いたしかたのないことでしょう。

ところが、シルバーガイドという仕事は、高齢であることをまさにセールスポイントとしているのです。そこがたいへんユニークなところです。こうした仕事がもっとほかにもないだろうかと、つい考えてしまいます。

技術革新がはげしい現代社会では、昔学んだことは通用しなくなっていると思われていますが、人間を相手にする仕事なら、経験や知識が活かされる分野は、まだまだあるはずです。

医学の世界でも、高度な検査装置や新しい薬がどんどん登場しますが、機械による検査だけでは、ほんとうの診察や治療はできません。患者さんの話をうまく引き出し、その人に合った治療法を考えていかなければいけないのですが、そうした精神こそは、私たちが若い医師に伝えていくべき、だいじな仕事でしょう。

そもそも私は、「自分が学んだことを次世代に教える」ということこそが、人間が生きる価値の大きな部分を占めるのではないかと思います。

オルテガというスペインの有力な教育学者は、大学を卒業した者の義務の一つは、その国の文化の継承者になることとも言っています。

肉体は遅かれ早かれ滅びるものです。しかし、その人が学んだことを次の世代に伝えれば、その言葉や行ないはいつまでも生き続けます。そうして、私たちの生は永遠に連続するのではないでしょうか。

ボランティア活動に専念できるのも、老いの特権

「六十歳になって、何か意義のある仕事がないか」と訊かれたら、私は即座にボランティア活動を推薦します。私の場合は、病院で介護するボランティアの方たちしか見ていませんが、ほんとうにやりがいのある仕事です。

たとえばホスピスでは、孤独のうちに亡くなっていく人に、週に二回か三回ほど会いに行くのが仕事です。そして、静かにその人の若いときの思い出話を聞いてあげるのです。

その行動は、死への旅路の船頭になることを意味するものであって、じつに意義のある仕事です。ですから、亡くなっていく人にとって価値のある行動というばか

りでなく、ボランティアにとっても価値のある時間でもあります。

実際にボランティアをやっている人を見ると、心からこの仕事に生きがいを感じているのだなということがわかります。

先日も、その中のある女性と話をしたのですが、ほんとうにいきいきとしています。それまでは子育てだなんだと、ただあわただしく毎日が過ぎていくだけだったけれども、五十になってホスピスでのボランティアをするようになって、はじめて生きることの意義を感じたとおっしゃっていました。

毎日死を見つめている仕事だから、その分だけ生きることを真剣に考えることにもなるのでしょう。

この仕事は、泊まりがけであちこち行くこともあるので、私も多少はその人の家庭のことが心配になって、「ご主人は、留守番ばかりで大丈夫ですか」とたずねると、「大丈夫です。帰ったらそれだけサービスしますから」と、さわやかな笑顔で言っていました。

女性は、こんなふうにボランティア活動に積極的なのですが、日本の場合、男性はなかなか加わりません。おっくうがっているのでしょうか。

米国ではボランティアの約四割が男性ですから、わが国でも男性にももっと積極的に参加してもらいたいものだと思うのです。

日本の人口の高齢化は、着実に進行しています。介護を必要とする人は、二〇二五年には五百二十万人に達するといわれています。六十歳を過ぎて、生活のために働く必要がない、生きがいを見つけたいという方は、ぜひ参加してください。

日本では、まだボランティアの絶対数が足りません。アメリカではだいたい四千万人います。人口比でいけば、日本には二千万人いてもおかしくないのです。なにしろ、アメリカでは一つの病院で何百人というボランティアがいるところもあるほどです。それに対して日本では、いないのがふつうで、ボランティアがいる病院は例外中の例外です。

病床五百二十床を持つ聖路加国際病院は、日本中の病院で一番ボランティアの数が多く、三百十五人おられます。しかし、この規模ならば、米国では五、六百人いるはずです。外国では、一人の患者にボランティアが数人くらいの割合になるので、一人が週に一回来れば、患者さんはほとんど毎日誰かと会えることになります。

日本のボランティアは、数だけでなく、考え方にも多少問題があります。というのも、ボランティアをしていれば、あとあと自分にも何かやってもらえると考えている人が多いようなのです。これは危険なことだと私は思います。ボランティアは、見返りを期待してはいけません。

そもそもボランティアというのは、そのときどきの場合で、与え、与えられているのです。けっして、困っている相手に何かをしてあげる、助けてあげるという一方的な関係ではありません。

人に与えているようだけれど、同時に、何か豊かなものを相手から与えられているはずです。自分の行為を通じて、自分を高めていくのがボランティアの精神ではないでしょうか。

六十歳になって生活費をかせぐためにあくせくする必要がなくなったら、ぜひ人のためにもなるようなことがらを、「ライフワーク」の一つとして選んでみてはいかがでしょうか。

歳をとるにつれて、「ライフワーク」もしぜんに成長する

「ライフワーク」というと、「一つのことに打ち込み、それを一生続けるもの」というイメージがあるかもしれません。しかし、「ライフワーク」は、なにも一つにかぎる必要はありません。そして、同じことをずっと続ける必要もありません。六十歳に立てた方針が、七十歳になって大きく変わってもいいのです。

私自身も、「日本の医学のレベルを向上させる」という「ライフワーク」が、たまたまうまい方向に進んでいるから、今日まで続けているにすぎません。もし、うまくいっていなければ、きっと別のことを始めていたでしょう。

こんな人がいました。はじめは、日本の鉄道のすべての路線に乗るのだと言って、

休みを見つけてはあちこち乗り歩いていたのです。ところが、当時の国鉄が「チャレンジ二万キロ」などと銘打って、キャンペーンを始めました。そのキャンペーンのおかげで、似たようなことを目指す人が次から次へと出るや、彼は急に興味を失って、乗りつぶし計画をやめてしまいました。

それでどうしたかというと、こんどは全国のバスを乗りつぶそうとしたのです。ところが、これは仕事を持っている人間には不可能だと気づき、何年かやったところで、やはりやめてしまいました。

すると、次は、古い街道や宿場町を歩くことをライフワークにしたのです。バスから見た、さびれた宿場のあとが気に入ったらしいのです。

この趣味は、その後もとぎれずに続いているようですが、「宿場をめぐるには自転車が必要だ」といっては、サイクリング車に凝《こ》ってみたり、さらに、「写真で記録するにはいいカメラが必要だ」といってはカメラに凝ったりするありさまです。街道の歴史を調べていくうちに、古代文化についても興味を持ったらしく、さまざまな文献もあさりはじめました。そうなると、文献を探したり読んだりするのに時間がとられるので、街道歩きに出かける時間が減ってしまうとぼやいています。

一般に、はじめに決めたことは最後までやりぬくことが美徳とされているようですが、かならずしもそうとはかぎりません。

たとえば研究者だった人が、途中から教育者になってもいっこうにさしつかえないではありませんか。日本の学者というのは、同じ研究を一生かかってやっているような人も少なくありませんが、これはあまりいいことだとは思えません。前にもすこしふれましたが、実りある収穫は、かえって得にくいのです。

その点、アメリカの研究者は、十年ごとに研究テーマを変えて、しかも大きな成果をあげています。これは、日本とアメリカの制度のちがいによるところも大きく、アメリカでは、七年ごとに一年間の休暇がある大学が多いのです。

この休暇のあいだは、給料が出ますし、何をしてもかまわない期間です。こういう自由な時間があるから、彼らはそれまでの研究にとらわれずに、新たな発想で新しい研究に取り組めるのです。

イギリスの微生物学者だったA・フレミングがペニシリンを発見したときも、そのような態度が幸いしました。フレミングは、そのとき細菌を培養しようとしていたのです。ところが、容器のすきまからアオカビがはいってしまい、そのアオカビに触れた細菌が死んでしまいました。

もしフレミングが、はじめの実験をやりとげることしか考えなかったら、ペニシリンを発見することはできなかったでしょう。「せっかく培養した細菌がだめになってしまった」といって、実験をやり直していたにちがいありません。

しかし、フレミングの頭は柔軟でした。「このアオカビは細菌を殺す働きがあるのか。それではこのアオカビを研究してみよう」と、方針を変更したのです。おかげで、ペニシリンという大発見をして、多くの人の命を救うことになったのです。

ただし、このような柔軟なものの考え方は、簡単そうに見えてなかなかむずかしいものです。つねに、広くものごとを見渡して、さまざまな考えを受け入れるという態度が必要になってきます。自分の考え、自分がやってきたことだけにこだわっていてはだめなのです。

ぜひみなさんも、柔軟な頭で「ライフワーク」に取り組んでください。

「死」を意識してこそ、充実した老いの人生計画も立てられる

日本人の寿命が大幅に延び、六十歳を迎えてもまだ老年期には遠く、中年期だと再三書いてきました。しかし、六十歳を過ぎたときに「死」を意識しないかといえば、それはウソになります。

六十歳の時点では特別意識しなかったとしても、やがては自分の肉体の衰えなどから、いやおうなく「死」というものが身近に感じられてくるはずです。

また、自分の親が亡くなると、順番からして次は自分たちだと考えてしまうものです。作家の井上靖は、父親が亡くなったときに、次のように書いています。

「父が亡くなったら急に父という屛風《びょうぶ》がなくなって、向こうに死の海が見えた」

それまでは父親が生きていたから、それが屏風になってさえぎってくれ、自分は死と直面することがなかったのです。しかし、父親が死んだ今、死の海が大きな穴をあけたように見えたのでしょう。

自分の「死」を意識することは、けっして楽しいことではありません。大きな不安に直面することだからです。

だからといって、「死」についてのことを頭の中から取り除いてしまえと私は言うつもりはありません。そうではなく、六十歳を過ぎたら、「死」から目をそむけずに、「死」を意識した人生計画を立てる必要があるのです。

ハンセン病患者の治療に尽くした医師として、また哲学者としての神谷美恵子さんが、尊敬してやまなかった詩人のカリール・ジブラーンは、次のような詩を遺《のこ》しています。

「今度は死について伺いたい、とアルミトラが言った。

彼は言った。

死の秘密を知りたいのですか。
しかし、生の只中にこれを求めないで
どうやって見つかるでしょうか。
やみに慣れた梟《ふくろう》は盲《めし》いていて、
光の神秘を明らかにすることができない。

もしほんとうに死の心を見たいと思うなら、
生命そのものに向かって広く心を開きなさい。
なぜなら川と海とが一つのものであるように、
生と死は一つのものなのだから」

（カリール・ジブラーン『予言者』より、神谷美恵子訳）

実際のところ、私も九十歳を超えるという年齢になっていながら、生活のほとんどの場面では死を忘れています。しかし、私がつくった財団・ライフプランニングセンターの独立型ホスピス（ピース・ハウス）に行くと、死を考える機会がじかに与えられるのです。

たとえば、こんなことがありました。ここにはいられたある女性の部屋で、「ああ、この人の命はあと一週間か二週間くらいだ。私は二週間後に来るのだけれど、そのときに彼女はいるだろうか」と考えたのです。

「絵がとても好きな人なので、あの部屋に何か美しい絵の額を飾ってあげたい。それとも、どこかに出かけたら絵はがきを送ってあげようか」

ここまで考えたところで、はっと気づいたのです。「どこかとはどこだ、私自身もそれまで生きていられる確証はあるのか」と。結局、私は彼女の死を考えたことによって、自分の死を感じる機会が与えられたのです。

そうすると、自然と「では、私はどう死ねばいいのだ」というふうに、自分の死に方を考えはじめます。

このように、自分の死をはっきりと意識することによって、「では、それまでにどう生きればいいのか」ということが自分の心の中で問われてくるのです。

つまり、死を身近に感じることによって、積極的に生きる方法が見えてくるのではないでしょうか。

これについては、戦争で前線から帰ってきた人や、大病をして死にかかった人の話を聞くのも、たいへん参考になります。生死をかけたギリギリのところで生き抜いてきた体験の持ち主は、一種の〝悟り〟ともいえる心境に達するのでしょうか、人によって表現のしかたはさまざまですが、「生きる」ことについて教えられることが多いのです。

命は自然に尽きていくものです。あくせくしないで、「自分らしく」生きることを考えるべきではないでしょうか。

ここで、私の生き方の最大のモデルである、オスラー博士の伝記の一節をご紹介しましょう。オスラー博士がその晩年に、十歳くらいの重病の子どもを往診したときの話です。

オスラー博士は庭のバラの一枝を切り取って、それを自分の胸ポケットに入れてその子どもを往診し、「きれいなバラでしょう」と子どもに見せます。

そして、オスラー博士は診察のあと、おとぎ話のようにして次のような話をするのです。

「でも、このバラはもう死んでいくのです。枯れて。でも、この花はあなたや私たちを喜ばせてくれるのです。人間だって同じです。私もそのうち死ぬんだし、誰だって死んでしまうことも考えられる。でも、今あなたが、病みながらも今ここにいることは、いろいろな意味で、人の喜びや楽しみになるのです」

「どう死ぬか」を考えるのは、「どう生きるか」を考えること

名随筆家として知られた堀秀彦氏の『死の川のほとりに』という作品の中に、

「七十代までは、年毎に私は死に近づいていきつつあると思っていた。だから死ぬるのも生き続けるのも、私自身の選択できる事柄のように思われた。ところが、八十二歳の今、死は私の向こう側から一歩一歩、有無を言わせず、私にせまって来つつあるように思われる。私が毎年毎年死に近づいていくのではない。死が私に近づいてくるのだ」

という言葉があります。

お釈迦さまは、人間には生まれる苦しみ、生きる苦しみ、老いる苦しみ、病む苦

しみ、死ぬ苦しみがあると言いました。苦しみがあるのは、人間の運命だといってよいでしょう。

このうち、生きることについては、明らかに自分で選択することができます。生きることはたしかに苦しいけれども、生き方を工夫すれば、生きることを楽しみに変えていくことができます。

それでは、老いること、病むこと、死ぬことは、逃れようのない苦しみなのでしょうか。

私はそうではないと思います。どのようにして老いるか、どのようにして病むか、どのようにして死ぬかを工夫していけば、こちらも楽しみにしていけるはずだと考えます。

つまり、七十歳のときの堀秀彦氏が考えたように、死ぬことも選択できるのです。たしかに、死は苦しいもののように見えます。しかし、それに耐えながら、死に方を選択していけば、死はただ苦しいだけのものではなくなります。

死ぬのは嫌だ嫌だといってステージから引きずり下ろされるのか、自分自身で花道を歩いて退くという静かな終焉《しゅうえん》を迎えるのか、それはその人しだいです。

随筆家の大村しげさんは、先にもご紹介したように、永六輔さんが人生のお手本と仰ぐほど、みごとな生き方をつらぬかれた方ですが、死んだとき用の準備も怠りなかったという話を聞いたことがあります。

きれいな肌着をひとそろい、箱にきちんと入れ、その上に「晴着」と書き、自分が死んだときに着せてくれと頼んであったというのです。

こうして「いつ死んでも大丈夫」という用意ができることで、安心して今を精いっぱい生きられるのではないかと語っておられました。こうした覚悟を持った毎日こそが、多くの人に感動を与える大村さんの名随筆を生み出す源だろう、と納得したものです。

「いつ死んでもいい」という覚悟を持っておくことが、これからの人生をいっそう充実させ、若いときよりなおいっそうの、素晴らしい仕事を生み出すのです。

死は、足元にせまっているかもしれません。しかし、ふだんから精いっぱい生きている人は、あと一日しか生きられないとわかっても、後悔することは何もありません。死を快く受け入れる用意が整っているからです。

ところが、ただ流されるままに生きてきた人は、あと一日しか生きられないとわかったら、どうなってしまうのか。少なくとも、その人にとって死は苦しみ以外のなにものでもないでしょう。

第五章

ストレスを楽しみ、活かすことで脳も若返る

中年期以降の生活に必要な、〝新鮮なストレス〟とは

最近の六十歳はたいへん若々しく、体力もあって、スポーツなども若者以上にこなす人がいますが、いくら元気でも、やはり健康への不安、とくに頭脳の衰えに対する不安は、誰の胸のうちにもしのび込んでくるのではないでしょうか。

しかし、とくに病気にでもならないかぎり、頭脳の若さは何歳になっても保つことができるのです。

現代人にとって、健康の最大の敵と思われているのがストレスです。できればかかわりたくないと、誰もが思っているでしょう。それでも、仕事がうまくいかなくてストレスがたまった、子育てでストレスがひどい、ストレスで胃を悪くしたなど、

どんな人でも多かれ少なかれ、何らかのストレスを感じているものです。

そもそも、ストレスという言葉をつくったのは、H・セリエという、多くの医学賞を受賞したフランス系カナダ人の内分泌学者です。さまざまな動物実験をして、ネズミなどにストレスを与え続けると胃潰瘍《いかいよう》になる、それは人間も同様である、ということを最初に発見しました。

たしかに、ストレスが強すぎたりすれば、体や精神がおかしくなります。思考力が低下してしまう場合もあります。ストレスは、まさに頭脳の健康の敵となるのですが、しかし、それは「ストレス」が過度にあった場合のことなのです。ストレスを発見したセリエは、晩年になってこうも言っているのです。

「強い刺激は病気を引き起こすけれども、ストレスといわれる一つの刺激の中にも、それがあることのほうがかえってその人間が健《すこ》やかに生きられるものがある」

そして、この〝よいストレス〟をセリエは「ユーストレス」と呼びました。

つまり、まったく刺激のない、温室のように快適で、無風地帯のような環境だと、人間はかえって不健康になってしまう、ということです。

わかりやすく言えば、ある程度のストレスつまり「ユーストレス」があったほうがいい、というわけです。

私の元患者さんでそういう方がいました。長年忙しく働いて体をこわしてしまったので、会社を定年退職したら暖かい土地に家を建て、好き勝手に生きると決め、それを実行しました。その結果、かえって体調を崩し、精神も不安定になってしまったのです。ストレスのないストレスに襲われた、と言えば近いでしょうか。

多くの人は、ストレスのない老後の生活を夢見るようですが、それで充実した老後になるとはかぎらないわけです。むしろ逆に作用します。

高齢者向けライフケアレジデンスが「聖路加ガーデン」内につくられましたが、〝環境のいい〟自然の中ではなく、銀座に近いところにわざわざ老人施設をつくった理由は、こうしたことにあります。

つまり、すぐれた病院に近接していることのほかに、都会に生活してきた人は、やはり都会の便利さと〝猥雑《わいざつ》さ〟、つまり「ユーストレス」がなければエネルギーが出てこないのではないかと考えたからです。

以前、聖路加レジデンスが主催し、私も出席した「生涯現役人を目指して」というフォーラムがありました。そのとき、作家の藤島泰輔氏、評論家の兼高かおる氏など各パネリストの方たちが口々に述べておられたのは、「まったくストレスのない生活では私たちは生きていくことができない。生きるためには新鮮な、若々しいストレスが必要」ということでした。

私も歳をとってから新しく始めることの喜び、人間に触れる喜び、生きていることの喜びを感じるチャンスが、都会の真ん中だと得られやすいと考えています。買い物にも手近に行けるし、気軽にお芝居も観られる。そういう刺激のある都会のよさを十分に利用できると同時に、いざというときに対応できる環境に住むことができれば幸いだと思うのです。

私が尊敬している人物の一人に、精神医学者のV・E・フランクルというユダヤ系オーストリア人がいます。第二次世界大戦中、三百万人の人命が絶たれたアウシュヴィッツ収容所にユダヤ人として囚《とら》われ、奇跡的に生還した人です。

この医師が、人間が人間らしく生きるために必要なことが三つあるといっています。

一つは、人間はクリエイティブに何かを創る、生産することで生きがいをもって生きられる。

二つめは、人間はほかの動物とはちがい、何かを愛することによっていきいきとする。

そして三つめ、これがだいじなのですが、逆境に耐えることによって、より人間らしくなる、というものです。

逆境というと大げさですが、つまりはストレスのことで、このストレスを受けつつ、耐えることによって、人はさまざまなことを学び、いくつになっても自分を成長させることができるのです。

たとえば、何かに耐えた人は、人の心、人の不幸がわかるようになります。

六十歳までの人生で、仕事などあまりうまくいかなかった、というのもストレスの一つでしょうが、そういう人こそ、弱い人や不幸な人の心がわかるようになったのだから得をした、と考えてはどうでしょうか。

そういう人間になれたのだ、と思えば、六十歳以降にも当然あるだろうストレスを、ユーストレスとして受け入れることができます。

ストレスを恐れてはだめです。避けてもいけません。

ストレスは生きるために必要な糧《かて》となることが多いのですから、むしろ積極的に動き回ることである程度のストレスを受けるようにして、さまざまな人と出会い、自分を成長させていくことがたいせつなのです。

ストレスのある環境づくりが、後半の人生にハリをもたせる

定年退職後、急にボケてしまった、という人の話をよく耳にします。

定年まで無事勤めあげた人は、もう仕事の責任や義務、さまざまなわずらわしいことや拘束から解き放たれ、のんびりと毎日を過ごせるのだから、そんなうらやましいことはない、と思われがちですが、現実はちがいます。

やはり人間はメンタルな動物で、それまでのストレスがなくなってしまったとたん、体や頭が反応しなくなってしまうのです。

このような人にもっとも必要なことが、積極的な行動です。縁側で日なたぼっこをするのもいいのですが、それまでとはちがう環境づくりをみずからしていかなけ

ればならないのです。

会社にいるうちなら、かりにどんなに仕事量が少ない職場だったとしても、会社の内外で毎日何十人もの人との接触があります。その中には好きな人、嫌いな人、煙たい人などいろいろいるわけで、その接触が適度なストレスを生み、生きているという実感が味わえたのです。

複雑な人間関係はもう嫌だといって日なたぼっこをしていると、ストレスはないかわりに、あらゆる面でおとろえていってしまいます。

みごとに、六十歳からの、適度な刺激のある新たな環境づくりに成功した人がいます。平成五年度の広島県読書感想文コンクールで特選をとった女性です。その方が読んで影響を受けた本というのが、じつは『人生の四季に生きる』という私の書いた本だと言われるので、恐縮したのですが、その方の話をご紹介しましょう。

この方は永年、学校の先生をされ、六十歳まで勤めてきたときに、近くにせまってくる六十五歳からの生き方をどうするか、という問題に直面します。そんなおり、六十歳からの生き方に関する本を何冊も読み、私の著書もその中の一冊だったというわけです。

そして、私がその中に書いた文の一節、「自然の四季は毎年くり返されますが、人生の四季はそれぞれ一回ずつしかない」というくだりに強く胸を打たれたそうです。それからというもの、乾布摩擦、アレー体操、食事内容の改善、草花づくり、大学公開講座受講など、精力的に活動されたそうです。

さらに、この方はとても素晴らしいことに気づかれました。それは町内のお年寄りの会に誘われて出席されたときのことです。

そのとき、集まった人たちの中でいちばん若年だったその女性は、その仲間にとてもはいれないような、一種の疎外感を味わいます。言葉をかえれば、ストレスを感じるわけです。

さて、ここが分岐点です。

新しい組織、新しい仲間、新しい分野にはいったときには、誰でも、程度の差はあっても疎外感を味わうものです。問題は、そのときどう行動するかです。

中には、こうした疎外感を苦にせずに、軽々と乗り越える人もあります。その一方では、もう歳だからわざわざつらい思いはしたくない、といって新しい環境を避けようとする人も多いのです。しかし、そういって新しいことを避けていたのでは、何も始まらないでしょう。

この方の場合は、最初はむしろ後者のほうでした。自分は仲間に入れてもらえないと感じ、新たな仲間づくりをあきらめかけます。

しかし、考えてみれば、「それなりの努力をしなければ、よい人間関係がつくれるわけがない」こう反省されたというのです。

よい人間関係が最初からあるわけではありません。彼女は、紙芝居やパズルなどをつくって会に持っていき、自分から積極的に交流して、仲間にとけ込んでいかれたそうです。

自分を新しい環境に置くということは、六十歳からの生活に〝いい刺激〟を与えてくれます。ただし、この新しい環境づくりは、待っていれば、誰かほかの人がお膳《ぜん》立てをしてくれるというものではありません。

この女性のように、自分から動いて環境づくりをしていくことが、六十歳からの人生をいっそう豊かで、充実したものにしてくれるのだということを忘れてはならないでしょう。

〝歩け歩け〟が、ストレスに勝つ最善の手

それまで、ご主人が働きに出ていたときは、たいした問題は起きなかったのに、会社を定年となり家にいるようになってから、家庭内にトラブルが絶えないというご夫婦がいます。

働いているときは、一家の大黒柱で働いているがゆえに免除されていた家の仕事が、たくさんあるものです。たとえば食事の支度や後片づけ、買い物、掃除などがそうですし、自分の下着がどこにしまってあるかというような、生活のこまごましたことも、仕事をしているときは、ほとんど関心を持たなくても過ごせました。

しかし、毎日通勤しないですむようになり、ヒマそうにして家にいれば、そうい

うことを頼まれるようにもなります。

それまでは奥さんも昼食の支度をしなくてもよかったのが、ご主人が家にいるようになって、外出もままならなくなるということもあるでしょう。では、というので実際にこうした家事をやってみると、買い物一つ満足にできなかったりします。

これはご主人だけでなく、はたで見ている奥さんのストレスにもなります。

また、奥さんや子どもたちの見る目がちがってきたように感じる人も少なくないようです。なんとなく自分が役立たずの邪魔者に思われているような気がして、おもしろくありません。そこで口ゲンカが絶えなくなって、ささいなトラブルが続出してストレスが高まります。

私がいくら老後にもストレスが必要といっても、夫婦や親子など、身内から起こるストレスは最悪です。こうしたストレスは、六十歳からの生活をけっして豊かなものにはしてくれません。

私は、こういう人には、とにかく出歩くことをすすめています。特別なところに行かなくても、近所の商店街を歩くのでもかまいません。

外出することによって、次から次に新しい刺激を受けることになります。また、「じっと考える」という言葉があるように、人間の頭脳は、体を動かすことと考えることを、同時にはできないようになっています。ですから、速く歩けば歩くほど、クヨクヨ悩むことなどできなくなるのです。

こうして気分転換ができれば、家庭でのトラブルをあとあとまで引きずって、その傷口を大きくしなくてすむでしょう。不得手な家事を、奥さんや子どもに教えてもらおうという素直な気持ちになれるかもしれません。

作家の中山あい子さんは、気分の晴れないときにはやたらと歩き回ることにしているが、歩くだけで気分爽快になる、と言っています。

中山さんは更年期になり体調を崩し、体調だけではなく、神経症的症状にも悩まされたそうです。そんなときにハリ治療に通い、ヨガ教室にもはいります。

そして、ハリの先生にもらった万歩計をさげて毎日歩くようになり、三年かかって体の調子ももとにもどったそうです。若いころからの持病だった頭痛、肩こりもまったくなくなったといいます。

ハリやヨガにももちろん効果があったのでしょうが、歩くことにはこのような、体調と気持ちを整える効用が間違いなくあるのです。

私が歩くことをすすめた方たちも、最初は半信半疑で歩きはじめることが多いようですが、しばらくすると歩くことの効用を嬉々《きき》として語ってくれます。まず体調がよくなったこと、外からの刺激を受けて何やら頭がよく回転するようになったこと。さらに、家に帰って他愛ないことではあるけれど話題があるということなどです。

見るという意味では、これまでも家でテレビをよく見ていたのに、歩き回って見たものはまったくちがうといわれるのです。

近所を歩くだけでなく、ときには、ちょっと遠出をしてみるのはどうでしょう。二、三泊の小旅行でも、かなりリフレッシュされます。

環境のちがうところを旅して、こういうところでこういう生活をしている人がいるんだな、ということを知ることで、別の世界がわかります。

旅ではちがった文化にふれられ、またそれまで会ったことのない人との出会いがかならずありますから、ぜひ出かけてみることをおすすめします。

シルバーライフの〝いい環境〟づくりは、〝いい友〟づくりから

私が六十歳からの〝環境づくり〟という言葉を使うと、環境というのは〝あるもの〟で、〝つくるもの〟とはちがうのではないか、という反応を示す人がいます。

たしかに、それまでの人生では、環境を選択する余地があまりありませんでした。東京の丸の内に勤めている人が、いくら北海道が好きだといっても、そこに住むわけにはいきません。通勤可能な、せいぜい一時間ちょっとの範囲に限られるでしょう。住んでいる場所があまり気に入らなくても、ぜいたくは言えませんでした。

交友関係の環境もそうでしょう。学校時代の気の合った仲間がいたとしても、そんなに頻繁に会う時間はとれなかったはずです。ゴルフに行くといえば、会社や取

引関係の人間とのつき合いが多くなりますし、酒を飲むといえば職場の同僚と相場が決まっています。

また、子どもの学校などの関係で、住むところや勤めなども制限された人も多いでしょう。受験生の子どもがいれば、単身赴任で自分の生活を犠牲にしてでも協力する、というのもやはり制限です。

六十歳からは、これらのことからすべて解放されています。どういうところに住むか、から始まり、誰とつき合い、何に興味を持ち、どういう生活をするかまで、〝すべて自分の選択〟でできるのです。

環境といえば、外の条件を考えがちですが、環境には大別して二つがあります。一つは内なる環境です。自分をどういう色に染めて、どういう人間になるか。もう一つが外側の環境で、どういうところに住んで、何をするかです。

外側の環境でもっともだいじなのが、どういう友だちを持つかです。自分をどういう色に染めていくか、内側の環境とも密接にかかわってくるだいじな問題です。

もう今までのように、同僚や取引先の人に無理をして友人ヅラする必要もありませんから、自分の人生において、こういう人が必要、という選び方をしてよいのです。

そうした〝必要な人〟は、今までのつき合いの中にも当然いるでしょうし、これからやろうとしていることの中でも出会えるでしょう。もちろん、この人たちと友人になりたいと思えば、それなりの努力は必要です。

私のところにときどきお手紙をくださる方で、こういう方がいます。

八十歳になるその女性は、心臓病をわずらい、「食事もベッドまで運んでもらい、こまごまと家人の世話になっている身」と、自分のことを書いています。まわりの人にできるだけ迷惑をかけないようにと、とても気をつかっているらしいこの方が、心のよりどころにしているのが、一人の友人です。

なんでも、もう六十年も前に病院で知り合いになった女性で、その後はただの一度も会わずに文通だけしているのです。しかし、その人とは「長い年月、姉妹のように、慰め励まし合い生きてきた」と言うのです。

こういう心の友がいるというのは、どれほど元気づけられるかわかりません。

人が経験することの中で、家人にしか話せないこともあれば、友人にしか話せないこともあります。あるいは、友人からしか得られないものもあります。ですから、〝友人づくり〟は生きていくためには欠かせないものです。

最近、シルバー合唱団が人気になっているようです。これなど、いろいろな面でよさそうです。そこに参加している人に話を聞くと、歌い終わると心地よい疲労感があるといいますから、運動をしたのと同じ効果があります。

それより何より、同好の士の集まりですから、友人環境としてたいへんすぐれています。

そして、コンサートということになると、緊張もあり、人前に出るのだからもっとうまくなろうと、メンバーが前向きの姿勢になります。なれ合いの関係ではなく、どこかに緊張感のある関係は、お互いを高めます。

こうしたグループに加わるのはいいことでしょうし、自分が中心となって同好の士を求めて何かをやるのもいいことでしょう。交友はみずから動かなければ得られないことを忘れず、みずから求めていってください。

若い友人をつくることで〝二倍の人生〟が生きられる

ふた言めには「いまどきの若い者は」と言う人がいます。これは苦労してきた人に多い発言ですが、豊かな時代に育ってきた若い人を見ると、苦言の一つも言いたくなるのかもしれません。しかし、そういう人は、こう言ってしまうことのマイナスに気がついていないのでしょう。

いうまでもなく、若者と、ある程度年齢のいった人とでは、ものの考え方など、距離があります。だからといって、「いまどきの若者」などとひとくくりにしてしまうと、ますます距離が離れていってしまうのではないでしょうか。

哲学者プラトンが、こんなことを言っています。「歳をとってから若い人に交わり、生活を共にすれば、二倍の人生が起こる」と。たとえば、私はサッカーのJリーグの試合をよく見ます。テレビ観戦ですが、選手が最後、シュートするときに、私の足も動きます。そして、ゴールをするとなんと気持ちのいいことか。

私は昔、サッカーが好きで、近所の子どもたちといっしょによく遊んでいました。家が貧しかったので、サッカー用の靴は買ってもらえませんでしたから、人から靴を借りて興奮してボールを蹴ったことなどが、テレビを見ているときによみがえってくるのです。

スポーツでなくても、音楽でも演劇でも何でも同じことです。若い人たちといっしょにそれらを興奮して見ていると、自分の若いころの日々がよみがえり、こちらまで楽しくなってきます。

よく気持ちを若くもって、と言いますが、私は「行動を若くする」のがよいと考えています。動きに自然と心もついてきます。行動を若くするには、若い人たちと接しているのが一番です。若いアクションが必要なのです。

若い人との交流でいえば、私は一般の人よりも得な立場にあります。聖路加看護大学の学長ですから、ふだんから、たくさんの女子学生に囲まれているのです。

七十歳くらい歳の離れた彼女たちから質問を受けたり、他愛ないおしゃべりを聞いたり、パーティのときなど、楽しそうにしている彼女たちを見ているだけでうれしくなってしまいます。

八十九歳のときには、私が脚色し、演出した『葉っぱのフレディ』の主役の哲学者の役を、葉っぱを装う女子学生と、いっしょに演じたりもしました。

このように、若い人と交流すると、自分の中に眠っていた〝若さ〟を再現できるわけですから、プラトンの言うように、二倍の人生が起こるのです。

私の経験から言えば、若い人と交流するときの心構えはとても簡単です。向こうがどう思っているかはわかりませんが、私のほうからは〝友だち〟だと思うことです。

そういった〝友だち〟は、医学生などにもたくさんいます。向こうから見れば、明治生まれの学長ですから、気が遠くなるほどの距離を感じるかもしれないので、私のほうから気軽に声をかけるようにしています。そのせいでしょうか、彼らからよく手紙をもらうのです。これはたいへんうれしいものです。

ローマの詩人、マルティアリスがとても上手に表現しています。

「善き人は己が年輪の幅を倍にする。過ぎし生を楽しむということこそ二度生きるということなのだ」

つまり、六十歳を過ぎたら、もう一度何かの行動を通じて、青春を再現し、楽しんで過ごせる素敵な時間を持つことができるということです。


先ほどお話しした「生涯現役人を目指して」というシンポジウムで、こんな話が出ました。三十年以上にわたって世界を旅した兼高かおるさんが見た、ある老人ホームのことです。

スコットランドにある有名なタンベリーというゴルフ場に、老人ホームがあるそうです。一階が住まいで、キッチンもあり、そこで食事をつくってもいいし、ダイニングルームに行って食べてもいい。

その二階がホテルになっていて、訪ねてきた家族が泊まることもできるし、ゴルフをしに来た人たちも泊まれるようになっているそうです。つまり、外部の空気といつでも触れられるようになっているのです。〝老人隔離施設〟のようになっているところが多い日本の老人ホームの現状とくらべると、うらやましいかぎりです。

さらに、お話を聞いて素晴らしいと思ったのは、ほどよく離れた場所に児童養護施設があり、お年寄りと子どもたちとの交流があることです。

子どもたちにとっても、うれしいことでしょうが、何より、お年寄りたちの生きがい、励みになるのです。

もしその子どもたちに、自分の人生で得た経験のごく一部でも伝えることができるのなら、それこそ、二倍の人生を生きられることになります。

〝いまどきの若い者たち〟からは、六十歳からをいきいきと過ごすうえで、得ることのほうがずっと大きいのです。

若者の〝エキス〟が吸収できる、マンガ本の効用

私は若い人を友人だと思い、彼らと交流している、と言いました。交流して得しているのは私のほうです。彼らに私が教えることよりも、彼らから教えられることのほうがはるかに多いと感じているからです。

その柔らかな発想や、一直線にものごとに立ち向かっていく姿勢、学問にかける純情なまでの気持ちなど、忘れかけていた〝力〟がよみがえってきます。

反対に彼らが悩んでいたりすると、友人として励まし、肩を叩いて、気持ちを前に押し出してやるようにします。私は彼らからエネルギーをもらっているのですから、そのくらいのことは簡単にできます。

私がこういう話をすると、「でも、ずいぶん考え方などちがうでしょう」と言う人がたくさんいます。それはもちろんちがいますが、考え方のちがいは、若い人との交流を妨げるものではありません。

私は自分の時代とずいぶんちがうなあ、考え方が変わったなあ、という前向きの受け取り方をするようにしています。時代が変われば、考え方も変わるのが当たり前だからです。こう考えると、若い人のいい部分の考え方をもらうことができますから、若々しくなれるのです。

もちろん、私も彼らとのコミュニケーションをはかるために、ささやかな努力をしています。それはマンガです。

ためしにマンガを一度読んでみてください。何がおかしいのかさっぱりわからないものもあれば、笑うにしても、若い人よりはるかに反応が遅く、笑うところもちがったりする。いま流行《はや》っている知らないモノ、言葉などもふんだんに出てきます。

ですから、私はそういうものを挑戦的に読みます。

なんでわからないんだろうと考えたあげく、最終的にやっぱりわからなくたっていいのです。そういう姿勢で見ることが、自分を刺激し、脳を鈍化させない、いい方法だと知っているからです。

いつぞや新聞に、『ゴルゴ13』という八十数巻もあるマンガ本をすべて買いそろえているという方の記事が出ていました。七十歳を過ぎたその女性は、学校の国語の先生をしていた方で、それまでマンガ本とはまったく無縁の生活を送っていたそうです。それが、病気で入院したときに「退屈しのぎ」に読みはじめたのがキッカケで、どんどんのめり込んでいったそうです。

いまでは、段ボール箱に十箱以上のマンガ本があり、何よりうらやましいのは、マンガを通じて大学生の友人もでき、マンガ談議になることもあったり、マンガ本の貸し借りをしたりすることもあるということです。マンガを通してこれだけのコミュニケーションができれば、毎日が楽しくてしかたないでしょう。

若い人の考えることはわからない、といってすませるのではなく、いつもアンテナを出しておくこと。若者の発想や文化などをちゃっかりといただいてしまい、自分のいい刺激にする姿勢こそ、六十歳から必要とされる工夫なのです。

家の間口をちょっと広げるだけで、人間関係の間口はどんどん広がる

みなさん方には、こういう体験がないでしょうか。学生時代やあるいは社会人のときでも、仲間が集まってもう一杯飲もう、などというとき、足が向く下宿や家は、なぜか自然に決まっている、というものです。

なぜ、その家に自然に集中するかといえば、その家の母親が面倒見がいいとか、一室、居心地のいい部屋があるとか、いつも食べ物が置いてあるとか、たいていはそんなちょっとした理由です。つまり、なんとなく人が集まりやすい場所には、それなりに理由がいくつかあるものなのです。

歳をとってからの交友は、若いとき以上に重要になってきますから、自然発生的

ではなく、意図して、人が来やすい、集まりやすい環境をつくっていってはどうでしょう。こうしたことを実践した人の紹介記事を読んだことがあります。

横浜の3DKに住む八十歳の男性で、その方は、ふすまをはずして、全体をワンルームマンションのようにしたそうです。最初は、こうすればヘルパーさんが掃除しやすいからということだったようですが、生活ぶりがすべてわかってしまうオープンなスペースは逆に、親しみと開放感を生んだようで、知人たちが気軽に足を運んでくれるようになったといいます。

ふすまをはずしただけですから、部屋を改造するためのお金はまったくかかっていません。アイデアの勝利です。

もう一人、すこしお金をかけて絶大な効果を上げた方も紹介されていました。鎌倉に住むその方は、八十五歳で奥さんを亡くされたときに、応接室、和室、台所まですべて見渡せるように部屋の壁をすべて取り払ってしまったのです。

その方いわく「隠居部屋のようにひっそりと囲ってしまうと、誰も寄りつかないから、何もかもオープンにしてしまった」ということです。その結果、外国人も遊びに来る、若い人も来る、というのですから、たいへんな効果があったわけです。

住まいというのは、よくも悪くも人の心を反映するものです。人と会うのがわずらわしい、と思っていれば、どこか鍵をおろしたような冷たさが出てしまいますし、誰か遊びに来ないかな、と思えば、遊びに行きやすい雰囲気になります。

私の知り合いにも、この方たちのような人がいます。年金暮らしをしていらっしゃる方で、料理がなによりの趣味です。その方は、せっかく料理をつくっても一人で食べるのではおいしくありませんから、誰か来ないかなと思い、台所と食堂、応接間を一室のようにし、照明も明るくして、人が来やすい雰囲気をつくったのです。

そうしたところ、遊びに来る人がふえたほかに、ほとんど顔を見せなかった息子が、ときどき来るようになったと、うれしそうに話していました。

交友関係を広げたかったら、まず心をオープンにし、そしてみずから環境をつくっていくのが最良の方法といえるでしょう。

こうしたことは、なにも高齢になってからすればいいというものではありません。元気なうちから備えておけば安心でき、心に余裕が生まれるものなのです。

六十歳からは、体の使いすぎよりも〝使わなさすぎ〟の心配を

今、とくに高齢の女性のあいだで問題になっていることに、骨粗鬆症《こつそしょう》があります。要するに、骨が弱って、スカスカになってしまうものです。

なぜそうなるかといえば、原因はいろいろありますが、とくに大きな要因は、骨を使わないからです。

骨というのは、使えば使うほど強くなりますから、逆に使わなければ弱くなるのは当たり前です。骨だけではなく筋肉も同じです。使わないから弱くなり、弱くなるから使わない、という悪循環になります。

したがって、その予防や対策はどうすればいいか、答えは簡単です。毎日体を動

かして、骨を使うようにすればいいだけの話なのです。ただし、今までほとんど体を使ってこなかった人は、最初から欲張らずに、すこしずつ始めてください。

まずは散歩です。体を動かすには、特別な運動やスポーツなどしなくても、歩くことが何よりの基本です。

最初のうちは、足ならしのつもりで、ふつうに散歩すればいいでしょう。これまでクルマに乗ることが多く、あまり歩いていない人は、時間も、十分くらいから始めるといいかもしれません。

よく、「一日一万歩」などといわれますが、これは歩き慣れた人の話です。歩きはじめたばかりのころは、一万歩どころか、十分歩いただけでも疲れてしまうかもしれません。しかし、慣れてくれば、一万歩を歩くのも無理ではなくなりますから、ご心配なく。

そして、歩くことに慣れてきたと思ったら、今度は早足で歩きます。これができるようになったら、ジョギングに移ってもいいでしょう。もちろんゆっくり走ります。こういう手順を踏めば、誰でも、ある程度の運動はできるようになります。

私事ですが、私は病院ではなるべくエレベーターではなく、階段を使うようにしています。私の部屋は五階にあり、駐車場のある地下一階から五階まで百四十八段もあります。

もちろん、階段を使うようになったその日から、いきなり五階まで上れたわけではありません。最初は二階まで階段を使い、そこからエレベーターを使っていました。

それがラクになってきたら、今度は三階まで自分の足で上ることに挑戦してみました。そのくり返しで五階までエレベーターなしで行ける自信がついたのです。今では、はじめの二階分は一段置きにとんで上がれるくらいです。

このときたいせつなのは、けっして無理して急にたくさんの運動量をしないようにすることです。私は医者ですから、すこしずつ段数をふやして上がっていくときに、自分の脈拍を測ったり、血圧を測ったりしてチェックするようにしていました。その結果を見て、翌日からは、もう一階分ふやしてもいいかどうか考えました。

私のように、血圧を測るとまではいかなくとも、自分で自分の脈を測って、体と相談しながら目標を上げていってください。毎日、毎日、すこしずつペースを上げる時間的な余裕が、仕事にも子育てにも拘束されなくていい六十歳からの人生にはあるのです。

すこしずつとはいえ、運動するのは心配だという方には、こんな話があります。

毎年五月に、〝心臓病のリハビリテーション〟のために、医師、看護婦四、五名同伴で、五、六十代の狭心症や心筋梗塞をわずらった患者さんたちが、東京郊外の高尾山に登っています。もちろん、私も同行します。

高尾山は子どもの遠足で行くくらいの山ですから、心臓病のリハビリをしている人にも登れるのですが、それでも急な坂道もあるため、ニトログリセリンを持参します。坂道を見て無理そうだと思う方には強制せず、ケーブルカーで上がってもらいます。

こんな無理のないウォーキングでも、これをこなしたことで、歩くことや自分の体に自信を持ち、以後、怖がらずに積極的に運動に取り組むようになった方がたくさんおられます。

新緑の山を自分の足で歩いて登る、というのは、人の気持ちを充実させてくれるものなのです。

もし、この試みに興味を持たれた方がいらっしゃったら、親しいお医者さんに相談してみてはいかがでしょう。狭心症、心筋梗塞の危険因子は、コレステロール、喫煙、それに運動不足です。ウォーキングは、手軽に、誰でもできる心臓病予防法にもなるのです。

私は九十歳の現在でも、心にも体にも、「小さな冒険」がたいせつだと思っています。

講演を頼まれるとします。たとえテーマが同じでも、この前と違うはいり方をしよう、オチはこうしよう、いろいろと工夫します。新しい何かをやってみたい、私らしさも出したいという気持ちなのです。

物覚えが悪くなったのを、歳のせいにしていませんか

歳をとると、物覚えが悪くなります。新しいことを覚えるだけでなく、よく知っていることでもなかなか思い出せなくなります。人に出会って、間違いなく相手は知人だとわかっているのに、どうしても相手の名前が出てこないとか、新しいことやものは、なかなか覚えられない、といったことです。

こうしたことが多くあると、「自分はボケてきたんじゃないか」という不安に襲われる人も少なくないようです。

こうなったときが分岐点です。歳なんだからしかたないとあきらめてしまうか、もう一度、あがいてみるかで、結果はまったくちがってくるのです。

文化功労者にも選ばれた画家の辻永《ひさし》先生は、私の患者さんでした。先生は、九十歳で亡くなられましたが、最後の十年間は病床にあっても、庭に咲く二百種余りの花木の名前をすべて覚え、すべてを漢字で書けるという方でした。花木だけでなく、会った人の名前を確実に覚えるという、驚異的な記憶力を保っていました。私がその秘訣を訊くと、「ほかの誰よりも、ものを覚えようと努力している」と答えられました。

そのとき、私は、目からウロコが落ちる思いをしました。辻先生の記憶力が特別なのではなく、特別に〝努力〟しているから、記憶力にすぐれているのです。

思い起こしてみれば、私たちは若いころ、たとえば漢字を覚えようとして、何回も何回も紙に書いたりしていたものです。人の名前でも、この人の名前を忘れては失礼になると思えば、心の中で何回もくり返したものです。

要するに、歳をとって記憶力が極端に衰えてきたという人は、こういった努力を忘れてしまった人なのです。

「指示代名詞」を頻繁《ひんぱん》に使うようになった人も危険信号が点滅しています。「昔、アソコに住んでいたアレに会った」などといった話し方です。こうした人は、指示代名詞にあてはめるものを思い出す努力を放棄しているのです。

「私ももう若くはないのだから、若いときと同じようにはできなくてもしかたない」などと、歳をとっていることに甘えないでください。こうやって自分を甘やかしているうちに、取り返しがつかなくなっていくのです。

昔読んだ小説のタイトルをどうしても思い出せない、というのなら、「こんな題名じゃなかったか。いや、これはちがう。たしか、何かと似ていたと思ったが」などと、思い出すまでジタバタしてみてください。これが脳へのいい刺激になるのです。

昔、英語の単語帳をくり返しくり返し開いては単語を覚えていったように、会った人の名前は、何回も復唱して頭に焼きつけるようにしてください。一度で覚えられなかったら、またそれをくり返すのです。

こうしているうちに、脳の回路が活性化します。脳は、歳をとってからでも、くり返し刺激を与えることで、新しい回路をつくっていきます。

脳卒中で倒れ、脳の一部がだめになり、言葉や体の動きに障害が出た人でも、リハビリをくり返すことで、失われた能力を取り戻すことができます。これも、くり返しの刺激によって、生き残っている脳の部分に新しい回路がつくられるからです。

私たちの脳には、これほど素晴らしい余力があるのですから、歳をとったからといって、簡単に記憶力を減退させてしまうのは、まことにもったいないかぎりです。

第六章

人生後半の健康づくりは、「怠けず」「慌てず」「油断せず」

病気とのつき合い方は、「恐れすぎず」「あなどらず」

これまで述べてきたとおり、六十歳からの新しい人生は、時間的にも精神的にもゆとりのある、いわば、〝ほんとうの大人の人生〟の始まりです。

しかし、その人生を邪魔する〝唯一の敵〟と呼べるものがあります。それは「病気」です。

〝ほんとうの人生〟を有意義なものにするためには、この病気を防ぎ、あるいはうまくつき合っていく姿勢がひじょうに重要になってきます。しかし、いまの日本の状況を見ると、それにはいろいろな問題があるのも事実です。

前にもふれましたが、私が一九五一年にアメリカに留学したとき、もっとも驚いたことは、日本とアメリカの病院の設備と学生や卒後医師の教育の差でした。

当時のアメリカの一般的な私立病院は、個室か二人部屋で構成され、各部屋には洗面台、トイレ、シャワー、ときには浴槽までが完備されていました。食事も、朝食のメニューは前夜に看護婦が入院患者から希望を訊《き》き、それを出すという方式が採《と》られていました。まるで今の日本のホテル並みのサービスです。

それから約五十年、日本人の生活は、一九五〇年当時とはくらべものにならないほど豊かになりました。しかし、残念ながら日本の病院は、当時のアメリカに追いつくどころか、まだまだ格差が大きく、研修医の教育レベルにもかなりの差があるというのが現状です。

日本のほとんどの病院では、個室どころか、カーテンで仕切っただけの大部屋も多く、トイレや洗面所、浴室は部屋から離れたところにあります。食事も、患者の嗜《し》好《こう》が無視されています。

このような実情を見るにつけ、私は文化とはいったい何なのかという思いを強くします。

日本の文化と呼ばれているものは、若者や健常者のためのものが多く、老人や病人が人間として当然受けるべき文化的処遇がなされていません。

日本では、ガン末期患者の約九〇パーセントが病院で亡くなっているのです。しかし、それらの方々がかくも不便で窮屈で、息づまるような環境の中で最期《さいご》を迎えなくてはならないのです。

私が聖路加国際病院を運営するにあたって、患者さんの部屋をすべて個室にしたりなど環境に力を入れているのも、こうした理由からなのです。

しかし、病院側に事情があるのも事実です。現在の日本の健康保険制度のもとでは、差額料金なしに入院患者に十分な満足を与える環境を整えるのは、現実問題としてむずかしいのです。

日本で病気にかかり、病院で治療を受けるには、人間として快適といえる扱いを受けるのはむずかしいのが現状です。

患者さんたちも病気に対してひどく臆病になりがちのようで、ちょっと体調がおかしくなると、ひどく病気を恐れ、あれもしてはいけない、これもしてはいけないと自分の行動範囲を狭める人が多いのです。

もちろん病気をなめてかかってはいけません。病気の治療は早期発見がいちばんですから、変調を感じたらすぐに医師の診断を仰ぐことはたいせつです。

しかし病名がはっきりし、それがとくに安静の必要のないものであれば、ふだんと同様に行動して病気を克服するという前向きな姿勢で臨むこともたいせつです。

タレントのSさんは、舌ガン、乳ガンと二度もガンにかかり、それをみごとに克服した人です。再発に対する恐れから、ちょっと咳《せ》き込むと、すぐ病院に駆け込んで診察を受けるのですが、同時に彼女はガンで入院しているときに、十階の病室から非常階段を使って病院を抜け出して、レストランにステーキを食べに行かれたそうです。

ガンと闘うには十分な栄養をとり、体力をつけなくてはいけない。病院の食事ではだめだと思ったと、雑誌のインタビューに答えておられました。

体の変調を敏感に察知し、すぐに医師の診断を受ける、しかしいざ病気と闘うときには、けっして病院まかせにせず、みずからの強い意志で臨む。

慎重さと大胆さを兼ね備えた姿勢こそ、六十歳からの第二の人生を保障する、病気とのつき合い方なのです。

体を〝いたわる〟ことと、体を〝甘やかす〟こととはちがう

　高齢化がますます進む現代社会において、寝たきり老人の数が急増しています。歳をとれば体は自然に衰えていくのですから、寝たきりになるのもしかたがないのかもしれません。しかし、八十歳や九十歳、はたまた百歳を超えても元気に活動し、スポーツや山登りすらもこなしてしまう人もいらっしゃいます。同じ人間として生まれてきたのに、なぜこのような差が生じるのでしょう。

　そこで寝たきりになっている人を調査してみますと、病気やケガなどによってベッドに就《つ》き、そのまま寝たきりになってしまったというケースが多いことに気がつきます。そしてその中には、べつに運動中枢に影響のない病気やケガなのに、それ

がきっかけとなって、歩くこともおぼつかなくなり、寝たきり生活にはいった人が意外に多いのです。

人間の体は、動くことを前提につくられています。長いあいだ体を動かさないでいると、筋力は低下し関節は硬くなり、いざ動かそうとしても、いうことをきかなくなるのです。まるで長年乗らなかった自動車のエンジンのように、体のあちらこちらがサビついてしまうわけです。

そうなると、「さあ動かそう」というときに、うまく動かなかったり、痛みを感じたりして、体を動かすのが怖くなったり、おっくうになったりします。ここが分かれ目で、それでもがまんして動いていれば、サビもやがては落ちてくるのですが、動かさないままでいると、もっとサビついてしまうのです。

私は八十歳になったとき、鼠径《そけい》ヘルニアの手術を受けました。ふつうは術後一週間ぐらいはベッドでじっとしていて、それからリハビリテーションを受けるものですが、私は一年前からの講演会の予約があったので、術後四十時間で退院し、すぐに予定していた講演に出かけました。もちろん、歩行時の痛みを抑えるのに、鎮痛薬を十分に飲む必要はありましたが。

さらに翌日には、これも大勢の若い人が私を慰労するために計画してくれていた隅田川でのヨットに乗り、その二日後にはこれも欠席できない学会の講演のために札幌まで往復しています。

手術をした直後なのに、一見、無茶をしているように思えますが、これには私なりの考えがありました。それは、私のような年齢になると、体はちょっと動かさないでいるだけで硬直し、もとに戻すのが困難になるからです。

術後の痛みを十分に抑え、病気の管理体制さえできていれば、ベッドでじっとしているよりも、すみやかに日常生活に復帰したほうが回復も早まるのです。

俳優のKさんが結腸ガンの手術をしたときも、手術の翌日には集中治療室を出て、車イスにも乗らず点滴を下げたスタンドをガラガラと引きながら、歩いて自分の病室に戻られたそうです。

そして「闘病はトレーニング」とばかりに、病室を出るときにはパジャマをジャージーに着替え、病院のリハビリのメニューが始まるのを待たずに、毎日院内を歩かれたそうです。もちろん激痛が襲いますが、「痛くて当たり前。痛くない人間なんていない」と自分を奮い立たせ、なんと、トイレや風呂の掃除、洗濯までもやったそうです。この点、私だったら鎮痛薬をもっと飲んでよいことを知っているので、痛みを避けて行なうところですが。

こうしてKさんは、ふつうならば術後一カ月はかかるところを、わずか二週間で退院してしまったのです。そのとき、Kさんはまだ五十そこそこの若さだったため、気力だけで私以上に激しいリハビリもできたのでしょう。

しかし、「ガンは〝病気〟ではなく〝故障〟だね。故障が治ったら、自分で自分を鍛えなくっちゃ」という彼の言葉は、六十代以上の人間もおおいに耳を傾ける必要があるでしょう。

病気のときには体を十分にいたわる必要がありますが、ある程度回復したのにいつまでも体を甘やかしていると、運動機能が目に見えて低下してしまいます。いや、低下するのは運動機能だけではありません。

動かないということは、脳に対する刺激も少なくなることを意味します。体を動かすことは、脳を動かすことでもあるのです。

また、動かないでいると、それだけ見たり聞いたり考えたりする機会が少なくなりますから、脳が受ける刺激はますます少ないということになります。

使わない脳は、体と同じようにサビつき、その結果ボケという症状があらわれます。寝たきり老人がボケやすいというのはそのためなのです。

たしかに、六十歳を超えてから大きな病気になったり、骨折そのほかで大手術を受けると、つい弱気になってしまい、「無理をしてはいけない」と、行動力がなくなるのも無理はありません。

しかし、だからといっていつまでも体を甘やかしていたのでは、回復するどころか、逆効果にもなりかねないのです。それでは、せっかくの〝第二の人生〟もつまらないものになってしまいます。

たとえ病に侵されても、医師と相談して、できるだけ体を動かすように心がけてください。それが、これからの患者さんにはだいじな知恵なのです。

自分の体の限界を知り、「疲労の定期預金」に注意する

前項で私は「体を甘やかせるな」ということを申し上げましたが、ここで誤解のないようにつけ加えておくと、それは無理をしなさいということではありません。つねに自分の体の限界を知り、その範囲で行動することがたいせつなのです。

一見有益そうな運動でも、それが限界を超えたものであれば体に無理がかかり、かならず何らかの疾患があらわれます。

健康にいいといわれるジョギングでも、体調がちょっとヘンかなと感じるときに、「まあ、大丈夫だろう」と無理をしてジョギングしたりすると、心臓発作を起こして、命を落としてしまうことすらあるのです。

また、限界には個人差があることを忘れてはなりません。年齢によって、何歳の人はどの程度の強さの運動がいいなどと、一律に決められるものではありません。六十歳の人よりも、七十歳の人のほうが体力が上というケースはいくらでもあります。

以前にジョギングがブームになったとき、中高年層を中心に体をこわしたり、練習中に死亡してしまったという人が続出しました。これなどは、自分の限界を知らなかったがゆえの悲劇といえるでしょう。当時、ジョギングは高齢者でもできる軽い運動といった風潮があったため、自分の限界を知らずに無理をしてしまった四、五十代の人も多かったのです。

とくに、同じ年齢のあの人ができるのだから自分もできるはずだ、という思い込みは何よりも危険です。同年代の人たちが集まって、いっしょに軽いスポーツをしたり、ハイキングや山歩きをすることはいいことです。しかしそのような場合でも、自分自身の限界点をしっかりと見きわめ、自分のペースを守らなくてはなりません。ときには、自分だけ途中でやめるという勇気も必要でしょう。

その限界の範囲の中で最大の運動をくり返していくうちに、しだいに限界点が伸びて体力が向上します。若い人ならば限界を超えるような激しい運動をして、体力を一気に引き上げることも可能ですが、六十代には六十代なりの体力向上法があるのです。しかし、これには専門の医師の指導が必要になってきます。

前に、私が院長室までエレベーターを使わずに階段を上っているというお話をしましたが、自分の限界点を知るには、体を動かしたあと、私のように脈を測るのもよいでしょう。

まず平常時の脈拍を測っておき、運動を始めたらまめに脈拍をチェックします。そして脈拍が一分間に一二〇以上になるとか、脈拍が乱れはじめた時点で運動を中止し、十分な休養をとるようにします。

疲れは感じていない、まだいけそうだと思っても、この脈拍のチェックで「休め」の〝指令〟が出たら、かならず休むようにしてください。

疲れを感じたら十分に休む。この原則は、もうすこし長いライフサイクルにも適用されるべきだと思います。

映画評論家の白井佳夫さんが、六十歳を超えたころ、「疲労の定期預金はしない」をモットーにしているという記事を新聞で拝見したことがあります。

自分のライフサイクルを一週間単位で区切り、その週にためた疲れは、その週のうちにとるようにしているのだそうです。

白井さんは、ときには一日に三本も映画を観ることがあるそうで、そのうえそのころは雑誌の連載を八本も抱えていたといいますから、一週間仕事をすれば相当な疲労が蓄積されることでしょう。

その疲労を、毎週欠かさずに電気物理療法やカイロプラクティックに通って、完全に取り除くように努めておられたそうです。

自分の限界を知ったうえで体を甘やかさない、しかし、疲れたときは十分に体をいたわる。自分の体の休め方を知り、先に進むことをあせらずに、上手に休みながらやっていく。これこそ、六十を超しても、なお第一線で長く活躍を続けていける秘訣《ひけつ》なのです。

自分の気の持ちようで、補聴器はイヤリングにもなる

ガンで亡くなった作家のKさんは、病院で検査を受けるときに「ガンが見つからないでほしい」とは思わなかったそうです。むしろ、どんなに見つけにくい場所の、どんなに小さなガンでも見つけ出すという気持ちで検査を受ける。もし見つかれば幸運だという気持ちだったと言われます。

健康診断を受けるとき、もしやガンでも発見されたらどうしようと躊躇《ちゅうちょ》する人がいるようですが、ガンが見つかることよりも、ガンを見つけられずにそれが進行してしまうことのほうがもっと恐ろしいのです。ですから、Kさんの考え方はまさに正論なのです。

Kさんは残念ながら生還することができませんでしたが、このようなプラス思考ができる人ですから、さぞかし充実した最期を迎えられたことでしょう。

Kさんのように、ガンという〝危険因子〟に対して、積極的に考えられる人は、残念ながら、そう多くはいません。ガンが見つかり、今なら手術をすれば大丈夫ですと言われても、つい弱気になってしまい、中には生きる気力さえ失ってしまう人もいます。

もう一人、体に不自由な部分ができても、積極的な気持ちで取り組んだ方をご紹介しましょう。

元女優でエッセイストの故沢村貞子さんは、八十歳を超えたころから耳が遠くなりはじめたそうです。そこで補聴器をつけたところ、相手の声がはっきりと聞こえることに驚き、大喜びされました。何を当たり前のことを言っているのだと思われるかもしれませんが、じつはこれが当たり前ではないのです。

補聴器の発達には目を見張るものがあります。感度や安全性なども格段に進歩しています。しかし、このような高性能補聴器が開発されることにより、かつてはそのわずらわしさを嫌っていた人も抵抗なく使用できるようになるはずだと思うのですが、実際はそうではありません。補聴器嫌いの人は相変わらず多く、補聴器の進歩の度合いにくらべ利用者はふえていないのです。

補聴器をつけたくないという人にアンケートをとると、雑音がはいる、値段が高すぎる、聞こえにくいといった理由が上位を占めるのですが、不良品でもないかぎり、現在の補聴器は、これらの問題はある程度はクリアしています。

私が思うに、補聴器嫌いの真の理由は、もっとメンタルな部分にあるのではないでしょうか。つまり、補聴器をつけていると見栄《みば》えが悪い。耳が遠いことを人に知られるのが恥ずかしいといったことです。

だからこそ、沢村さんの「音が聞こえないって苦痛ですものね。つけてみて便利なこと、これは助かると思いました」と言われた素直な感想は貴重なのです。

沢村さんは、高性能補聴器にもまだ欠点があることを認めながらも、音がよく聞こえる生活を心から喜んだのです。そして「補聴器をつけるのは恥ずかしくないですか」という質問に対しては、つぎのように答えていらっしゃいました。

「だってみなさん、眼鏡は何の抵抗もなく使っているじゃない。耳だって同じこと。補聴器は私のイヤリング。楽しんで使っているわ」

この答えには、私もおおいに参考になりました。

どこか体に問題があると、「自分は爆弾を抱えている」という言い方をよくします。ほんとうにそう考えているのなら、毎日気が休まることがないでしょう。

六十代ともなれば一つや二つ、あるいはそれ以上に何らかの故障が出てくるのが当たり前です。

ですから、もし病院で検査を受けたとき、「激しい運動をすると危険ですよ」などと言われたとしても、「ああよかった、検査を受けなかったら、知らずに無理をするところだった」と喜べばいいのです。なにも絶望したりする必要はありません。

そして「自分は激しい運動さえしなければ大丈夫だ。ふだんの生活には何の支障もない。それは医者の保証つきだ」と考え、明るく楽しく毎日を過ごしてほしいのです。

それを消極的にとらえていたら、とても身がもちません。「病は気から」というように、マイナス思考はますます病気の進行を早めてしまいます。

Kさんや沢村さんのように、ここはひとつプラス思考で、明るい気持ちを持って、自分の危険因子に対峙《たいじ》したいものです。考え方一つで、危険因子もプラスに持っていくことはできるのですから。

毎日の自己流健康チェック法が、病気に先手を打つ秘訣

健康ブームの中、人間ドックもまた熱い注目を浴びているようです。雑誌などを見ていても、「○○病院の人間ドックは快適だ」といった情報をよく目にするようになりました。しかしそのいっぽうで、六十代半ば以上の人の多くが、人間ドックにあまり関心を示さないという残念な傾向もあります。

六十代半ば以上の世代は、いわゆる戦前派、戦中派の人たちで、若いころに食糧難や物資の乏しい生活を体験しているために、そのような時代を生き抜いてきた自分たちは頑強だと思いがちだからでしょう。

それはそれでいいのですが、いくら頑強な人でも、そろそろ体にガタがきはじめ

ていることは、動かしがたい事実なのですから、せめて健康チェックは怠らないようにしたいものです。

健康診断を毎年受けているから大丈夫という人もいるでしょうが、通常の健康診断では体のごく表面的な異常しか発見できません。

健康診断で異常なしと判断された半年後にガンで亡くなったという人もたくさんいるのですから、せめて一年に一度は、入院または日帰りの人間ドックにはいり、徹底的に検査することをおすすめします。

ただ人間ドックにもいろいろな種類があります。最も普及しているのは、一日外来ドックです。一泊二日のスケジュールで病院に入院し、じっくりと時間をかけてさまざまな検査をするプログラムもあります。

また、オプションとして、ＣＴスキャンという脳の撮影を行なって脳動脈瘤《りゅう》の予知や、老人痴呆の原因となる脳の萎縮の程度をみる、ＭＲＩを使っての脳ドックなどがなされるところもあります。

しかし、一年に一回、このような人間ドックの検査を受けたとしても、それだけではやはり不十分なのです。

何よりも肝心なのは、自分で自分の健康状態をみる、日々のチェックなのです。とくに六十歳以上の方は、ドック受診時にはたいした問題がなくても、ハプニングとして心筋梗塞や脳卒中発作が起こりうるので、何らかの異常が出たときは、すぐ受診できるかかりつけの医師を持っていることもたいせつです。

作家であり評論家の塩田丸男さんは、朝刊を読むことで健康チェックをしているそうです。塩田さんは仕事柄、毎朝すべての新聞に目を通すのですが、体調が悪いときには記事の内容が頭にはいりにくく、何度も読み返さなくてはなりません。

それに対して、体調がいいときはスッと読めるというのです。そしてスッと読めなかった日には、医師に診断を受けたり、仕事をセーブして休養をとるようにしているとのことです。

このように、自分なりの健康チェック法を身につけておくのはひじょうに有益です。方法はいろいろとあるはずです。朝の目覚めはどうだったか、朝食はおいしく食べられたかなど、ごく身近なことでいいのです。そしてちょっと異常を感じたら、かかりつけの医師の診断を受ける。このようにすれば、病気に対してつねに先手を打つことができます。

日ごろの体調は、医師や病院がみてくれるわけではありません。健康を管理するのは自分の役割だと、自分の体をよく知っておくことがたいせつなのです。

年に一度行なわれる「人間ドック同窓会」の効用

人間ドックを日本で最初に始めたのは、国立東京第一病院（当時）と、私の勤めている聖路加国際病院の二つです。昭和二十九年のことでした。

高度経済成長などはまだ先の話で、国は敗戦のために貧しく、病院も戦後の立ち直りがまだできていない状況でした。ですから、人間ドックといっても、検査項目も確立していなく、手さぐりの状態で進めていったものです。

また、現在のように健康な人が健康を確認して出ていくということはまずなく、はいる人のほとんどが何らかの病気を抱えていました。また、入院してくるのは経済的に余裕のある人で、一週間の入院で全身をくまなく検査しました。

この人間ドックという名称は、当時の新聞記者がつけた呼び名です。遠洋航海から帰った船が、法律によりドックにはいってエンジンその他の点検を受けたことから、人生の旅の途中の体の定期的検査を人間ドックと呼んだのです。

人間ドックが始まった昭和二十年代末から昭和三十年代は、病院というのは病気になってから行くところであり、健康なのにお金を払って病院にはいるということは考えられなかった時代でした。なかには自分は健康だけれど、念のためという人もごく少数ながらいましたが、検査してみたら結核だったとか、胃ガンがあったというケースもずいぶんあったものです。

私たちは辛抱強く、病気は早期発見が第一だ、自覚症状がない病気もあるのだから、健康だと思っていてもチェックを受けなさい、そして早めに病気を発見して処置を受けなさい、ということを言い続けてきました。そのかいあって、毎年欠かさずにドック入りされる方がだんだんと全国的にふえていったのです。

そのような人間ドックの常連を中心に、聖路加国際病院では「人間ドック同窓会」なるものが生まれました。これは人間ドックの体験者が定期的に集まり、情報交換をしたり講師を招いて話を聞いたりするものですが、これが思いのほか、会員の健康維持に役立っています。

会員の平均年齢は五十歳以上ですが、四十代の人もいれば七十、八十代の人もいます。ですから、出席者は自分より二十も年上の人が元気でいる姿を見ると、「自分もあの年齢になっても、同じように健康でいたい」と思うようになり、第二章でもお話ししたように、自分の人生を考えるうえで、よき〝モデル〟となるわけです。

もともと人間ドックにはいる人は健康に関心のある方ばかりですから、健康を願う気持ち、体をたいせつにする気持ちが、このような会合に出ることにより、いっそう刺激されるのです。


講師にはいろいろな方を招き、私もよくお話をいたしましたが、これまででいちばん印象深く、会員諸氏の理想のモデルとなったのが鈴木大拙先生でした。

鈴木先生は本名を貞太郎といい、禅の大家として知られた宗教家です。日本の仏教の教典を英訳するといったたいへんな事業をなし遂げられ、アメリカのコロンビア大学に教授として招かれたほど、国際的にも名が知られた方でした。

鈴木先生は、九十六歳まで現役を続けられ、残念ながら腸閉塞のため、急死されました。外国での生活が長く、九十を超えてからは日本に戻り、晩年を過ごされていたのですが、亡くなる寸前まで精力的に文筆活動を続け、あちらこちらを旅行しておられました。

その先生が人間ドック同窓会に顔を出されると、会員たちからの質問攻めでたいへんでした。

「先生はいったい何を食べているのですか」「運動はどうされているのですか」「何時間睡眠をとっておられるのですか」といった質問に、ていねいに答えておられたお姿が今でも思い出されます。第二章で、モデルを持つことのたいせつさを申し上げましたが、鈴木先生はまさに理想のモデルでした。

このように、病気を克服した人、あるいは長生きされている方と直接話をすることは、思いがけない効果をもたらすようです。つまり〝生きる力〟を吸収できるのです。

六十歳を過ぎたら、近所に〝ホームドクター〟を

女子テニス界の女王として、長く世界に君臨したマルチナ・ナブラチロワ選手は、スポーツ選手の体力のピークを過ぎてなお、第一線の現役プレーヤーとして活躍していました。このナブラチロワ選手は、「マルチナ軍団」と呼ばれるブレーンを率いていたことでも有名です。

専任のコーチ、トレーナー、マネージャーといった人たちとともに、そのチームには医師が加わっています。ナブラチロワ選手がどこに行くときでもチームは活動をともにし、すこしでも体調がおかしいというときには即座に医師が診療を施《ほどこ》すわけです。あの健康そのものともいえる頑強な肉体を長く維持できたのも、このよう

な強力なブレーンがいたからこそでしょう。

もちろんナブラチロワ選手は特殊な例です。彼女のように莫大な賞金を稼ぐことができなければ、大勢のブレーンを雇うことは不可能ですし、スポーツ選手でもない人がそこまでやる必要もありません。

しかし自分専任とはいかないまでも、自分の体の隅々まで熟知しているホームドクター、つまりかかりつけ医を持っているというのは、一般の人にとっても、たいへんだいじなことです。これは、欧米ではなにもめずらしいことではないのです。日本にも昔はかかりつけ医がいました。そのような医師は時間外や休診日であっても、急病のときには駆けつけてくれたものです。病気のときにはいつもその医師に診《み》てもらうので、道端ですれちがっただけでも「ちょっと顔色が悪いですね」と、体調の変化を指摘してもらえたものです。

ところが、いつのころからか人々は大病院志向となり、近所のお医者さんにかかる機会が少なくなってしまったのです。それにともなって、かかりつけのお医者さんをつくるという意識も薄れてきました。元日本医師会会長の村瀬敏郎先生は、かかりつけ医のリバイバル運動を在職中熱心に呼びかけておられました。

かかりつけのお医者さん、つまりホームドクターは、なにも便利なだけの存在ではありません。

ホームドクターならば、患者の薬アレルギーの有無、既往症などを把握しているので、つまらないトラブルが起こることもありません。誰よりも的確で安全な措置を施すことができるのが、ホームドクターなのです。

町の開業医は、たしかに複雑な手術をすることはできませんし、難病を治療した経験もあまりないかもしれません。

しかしそのような場合には、ちゃんとした大学病院やレベルの高い総合病院、ガンそのほかの専門病院などを紹介してくれますし、そのときにはかならず今までの病歴とともに紹介状を書いてくれるので、何も心配することなく世話してもらえます。

健康のことを考えるなら、大病院信仰にとらわれることなく、身近な医師とのコミュニケーションを深めることが何よりもたいせつだと思うのです。

今日の日本画壇の最高峰と称された小倉遊亀《ゆき》画伯は、二〇〇〇年七月、百五歳で亡くなられましたが、百歳を超えてもなお筆を手にし、「自分の絵はまだまだだ」とばかりに精進しておられました。先生は足が不自由だったので、私が一、二カ月に一回往診し、そのあいだは私といっしょに働いているナースが定期的に鎌倉のお宅を訪ねていました。

食は周囲の人が、栄養士さんと相談しながらつくり、私がときどきチェックしていました。食は生命の源ですから、栄養士も広義ではホームドクターにふくめていいのかもしれません。

先生は、ときどき血糖値の検査を受けておられたくらいですので、糖分は極力控えるのがふつうです。しかし、あまりに糖分を制限すると、血糖値は下がっても、お元気がなくなるので、先生の希望をある程度聞いて、やたらに制限しすぎないようにしていました。

先生の意欲を高めるために、先生の生理的欲求はある程度聞いてあげたほうがいいと思ったからです。その結果、少なからず先生に〝生きる力〟を与えられたのではないかと思います。

このようなことも、かかりつけの医者がいたからこそ、できたことではないでしょうか。六十歳からの人生を有意義なものにするためにも、近所にホームドクターをつくるのがベストでしょう。

医師は肩書きではなく、「どれだけ時間をさいてくれるか」で選ぶ

バブル経済の末期あたりから、病院の経営難が深刻化してきました。かつてホームドクターの中心的存在であった〝町のお医者さん〟も高年齢化し、廃業される医院も少なくありません。そこで、ホームドクターは持ちたいけれど、肝心のかかりつけ医や医院が近くにないということも考えられます。

しかしホームドクターは、なにも近所の開業医にかぎったことではありません。大きな病院の医師でも、つき合い方によっては立派なホームドクターになりうるのです。

その秘訣はただ一つ、これだと思った医師の診察を受けることです。そのとき、

よく準備して自分の病歴をわかりやすくまとめて書き、それを持って受診するのを忘れないことです。

大きな病院の医師は、一日に何十人もの外来患者を診療し、そのうえ入院患者まで診なくてはなりません。半年や一年に一度診療を受けたぐらいでは、とても患者の顔を覚えてもらうことはできないでしょう。

しかし、一カ月か二カ月に一度ぐらいのサイクルになると、きちんと受診の準備をしてくる患者さんは医師の記憶に残ります。これは私自身の体験で申し上げていますので、まず間違いありません。

そんなに頻繁《ひんぱん》に病気はしないと言われるかもしれませんが、病院というところは、なにも病気でなければ行ってはいけないということはないのです。それこそ血圧を測ってもらうだけでもかまいませんし、「このところ疲労がひどくて」というのも立派な症状です。治療費は払うのですから、なにも気おくれする必要はありません。

その病院がきちんと対応してくれるか、その医師がホームドクターになりうるかは、最初の診療時でほぼわかります。

とくに病気でもない自分の相談に、時間をさいて耳を貸してくれるかどうか。それとも、一分一秒でも早く診療室から追い出したがっているかどうか。それは感覚的に察することができるでしょう。

もし後者であれば、そのような医師のもとには何度通っても意味がありません。ホームドクターになってくれるような医師は、はじめて診る患者だからこそじっくりと診察し、話も聞いてくれるものなのです。とくに、自分のために時間をさいてくれるかどうか。これがホームドクター選びの最大のポイントです。

よく「○○の権威」と呼ばれるような有名な医師をかかりつけにしようとする人がいますが、ホームドクター選びにおいては、そのような権威は必要ありません。名医とは肩書きや名声で決まるものではなく、いかに患者をたいせつにするか、患者の症状を隅々までチェックしようとしているかにかかっています。つまり、あなたの話によく耳をかたむけてくれる医師が、あなたにとって最高の名医なのです。

医療はテクニックではなく、八〇パーセントは観察力だといっても、けっして過言ではありません。問診と診療に十分な時間をかけない医師は、つまりはよく患者の症状を聞き、よく観察するという医療の原則を忘れているのですから、そのような医師をホームドクターにしても意味がないわけです。

たとえば風邪一つをとっても、まずは喉の痛みとしてあらわれる人もいれば、いきなり熱が出るという人もいます。同じ病気であっても、そのあらわれ方はさまざまです。医師は、勉強による知識や診療による経験をフルに活用し、その患者の状態を知ろうとしますが、ときには誤診をくだす危険性も生じます。

ホームドクターがいればかなり安心ですが、病気になってはじめての病院を訪れるときは、こうした誤診を避けるために、患者のほうも自衛策を講じるべきでしょう。

自分の病歴、体の特徴、薬アレルギーの有無、現在服用している薬名といったデータをできるだけ細かく、しかもわかりやすく項目別に記すのです。こうした「ヘルスレコード」を作成し、診療を受けるときに医師に見せるようにすればいいのです。

あなたのデータをコンピュータにインプットしておき、それを診察してくれる医師に示せば、医師もいちいち病歴を詳しく聴かないですみます。

それがあるだけでも、誤診や誤った薬の投与はかなり防げますし、より的確な診療を期待することができるでしょう。初診の患者にアンケートを書かせる病院も多いのですが、ほとんどのものが、量的に見ても内容的に見ても、不十分だと私は思います。患者の用意したヘルスレコードに目を通しながら、患者の病歴をよく問診してくれる医師を、受診者は探すようにするといいでしょう。

ヘルスレコードに記す項目をざっと挙げると、つぎのようなものが考えられます。氏名、住所、生年月日、血液型、身長、体重、血圧、病歴、薬アレルギーの有無などのほか、体の特徴（熱が出やすい、下痢しやすいなど）、家族構成、一日の生活の過ごし方、タバコや飲酒や運動などの生活習慣の記載、非常時の連絡先など、考えられる要素をできるだけ書き込みます。もし親しい医師がいたら、何を記したらいいか相談してみるといいと思います。

ヘルスレコードは、できれば外出時にはかならず持参したいものです。外出先で突然倒れたり、交通事故に遭うということがないとはかぎりません。そのようなときにヘルスレコードがあれば、おおいに役立つことでしょう。

また家にいるときはいつも見つけやすいところに置いておき、家族や知人にヘルスレコードがどこにあるかを教えておくこともたいせつです。

〈著者紹介〉
日野原重明　1911年山口県生まれ。京都帝国大学医学部卒業。現在、聖路加国際病院理事長・同名誉院長、聖路加看護大学理事長・同名誉学長。99年文化功労者。早くから、血圧の自己測定運動など地域の健康運動、ターミナルケアの普及、医学教育・看護教育などに力を尽くしてきた。また、成人病は悪い習慣によってつくられるものであるということから、「習慣病」という呼び方を提唱し、健診による二次予防よりも、よい習慣づくりで病気を予防することが大事と呼びかけてきた。著書に『死をどう生きたか』(中公新書)、『道をてらす光』(春秋社)『生きかた上手』(ユーリーグ)など多数。

人生百年 私の工夫
2002年7月5日 第1刷発行

著　者　日野原重明
発行者　見城 徹

発行所　株式会社 幻冬舎
〒151-0051 東京都渋谷区千駄ヶ谷4-9-7

電話:03(5411)6211(編集)
03(5411)6222(営業)
振替:00120-8-767643
印刷・製本所:中央精版印刷株式会社

検印廃止

ISBN4-344-00203-2 C0095
幻冬舎ホームページアドレス　http://www.gentosha.co.jp/

この本に関するご意見・ご感想をメールでお寄せいただく場合は、
comment@gentosha.co.jpまで。